DIE WISSENSCHAFT VON DER POLITIK

Fünfter Band

DIE WISSENSCHAFT VON DER POLITIK

Herausgegeben von den Professoren *Dr. O. K. Flechtheim* und
Dr. O. H. von der Gablentz in Verbindung mit *Prof. Dr. Hans Reif*
im Auftrage des Otto-Suhr-Instituts an der Freien Universität Berlin
(vormals Deutsche Hochschule für Politik) Redaktion: *Ossip K. Flechtheim*

5. Band

Professor Dr. Ernst Fraenkel

Das amerikanische Regierungssystem

Springer Fachmedien Wiesbaden GmbH

Das amerikanische Regierungssystem

EINE POLITOLOGISCHE ANALYSE

von

Professor Dr. Ernst Fraenkel

QUELLENBUCH

2., durchgesehene Auflage

Springer Fachmedien Wiesbaden GmbH

ISBN 978-3-322-96139-6 ISBN 978-3-322-96273-7 (eBook)
DOI 10.1007/978-3-322-96273-7

2., durchgesehene Auflage 1962
Verlags-Nr. 053105 b

Ursprünglich erschienen bei Westdeutscher Verlag, Koln und Opladen 1960.
Fotomechanischer Druck von Helmut Gruber, Minden/Westf.
Buchbindearbeiten von Bernhard Gehring, Bielefeld

Inhaltsverzeichnis

Die Verfassung
der Vereinigten Staaten von Amerika
17. September 1787

PRÄAMBEL

Wir, das Volk der Vereinigten Staaten, von der Absicht geleitet, unseren Bund zu vervollkommnen, die Gerechtigkeit zu verwirklichen, die Ruhe im Innern zu sichern, für die Landesverteidigung zu sorgen, das allgemeine Wohl zu fördern und das Glück der Freiheit uns selbst und unseren Nachkommen zu bewahren, setzen diese *Verfassung* für die Vereinigten Staaten von Amerika in Kraft.

ARTIKEL 1

Abschnitt 1: Alle in dieser Verfassung verliehene gesetzgebende Gewalt ruht im Kongreß der Vereinigten Staaten, der aus einem Senat und einem Repräsentantenhaus besteht.

Abschnitt 2: Die Mitglieder des Repräsentantenhauses werden alle zwei Jahre in den Einzelstaaten vom Volke gewählt. Die Wähler in jedem Staate müssen den gleichen Bedingungen genügen, die für die Wähler der zahlenmäßig stärksten Kammer des Einzelstaates vorgeschrieben sind.

Niemand kann Abgeordneter werden, der nicht das Alter von 25 Jahren erreicht hat, 7 Jahre Bürger der Vereinigten Staaten gewesen und zur Zeit seiner Wahl Einwohner desjenigen Staates ist, in dem er gewählt wird.

Sitze im Repräsentantenhaus und direkte Steuern werden auf die einzelnen Staaten, die dieser Union angeschlossen sind, im Verhältnis zu ihrer Einwohnerzahl verteilt; diese wird ermittelt, indem zur Gesamtzahl der freien Personen, einschließlich der in einem befristeten Dienstverhältnis stehenden, jedoch ausschließlich der nicht besteuerten Indianer, drei Fünftel der Gesamtzahl aller übrigen Personen hinzugezählt werden[1]. Die Zählung selbst erfolgt innerhalb von drei Jahren nach dem ersten Zusammentritt des Kongresses der Vereinigten Staaten und dann jeweils alle zehn Jahre nach Maßgabe eines hierüber zu erlassenden Gesetzes. Auf je dreißigtausend Einwohner darf nicht mehr als ein Abgeordneter kommen, doch soll jeder Staat durch wenigstens einen Abgeordneten vertreten sein; und bis zur Durchführung dieser Zählung hat der Staat New Hampshire das Recht, drei zu wählen, Massachusetts acht, Rhode Island und Providence Plantations einen, Connecticut fünf, New York sechs, New Jersey vier, Pennsylvania acht, Delaware einen, Maryland sechs, Virginia zehn, North Carolina fünf, South Carolina fünf und Georgia drei[2].

Wenn in der Vertretung eines Staates Abgeordnetensitze frei werden, dann schreibt dessen Regierung Ersatzwahlen aus, um das erledigte Mandat neu zu besetzen.

Das Repräsentantenhaus wählt aus seiner Mitte einen Präsidenten (Sprecher) und sonstige Parlamentsorgane. Es hat das alleinige Recht, Amtsanklage zu erheben.

[1] Absatz 3 durch den 14. Zusatzartikel abgeändert.

[2] Letzter Satz überholt.

Abschnitt 3: Der Senat der Vereinigten Staaten besteht aus je zwei Senatoren von jedem Einzelstaat, die von dessen gesetzgebender Körperschaft auf sechs Jahre gewählt werden. Jedem Senator kommt eine Stimme zu.

Unmittelbar nach dem Zusammentritt auf Grund der erstmaligen Wahl soll der Senat so gleichmäßig wie möglich in drei Gruppen aufgeteilt werden. Die Senatoren der ersten Gruppe sollen nach Ablauf von zwei Jahren neu gewählt werden, die der zweiten Gruppe nach Ablauf von vier Jahren und die der dritten Gruppe nach Ablauf von sechs Jahren, so daß jedes zweite Jahr ein Drittel neu zu wählen ist. Falls durch Rücktritt oder sonstwie Sitze außerhalb der Tagungsperiode der gesetzgebenden Körperschaft eines Einzelstaates frei werden, so kann dessen vollziehende Gewalt vorläufig einen Senator ernennen, bis die gesetzgebende Körperschaft bei ihrem nächsten Zusammentritt die fraglichen freien Stellen wieder besetzt[3].

Niemand kann Senator werden, der nicht das Alter von 30 Jahren erreicht hat, 9 Jahre Bürger der Vereinigten Staaten gewesen und zur Zeit seiner Wahl Einwohner desjenigen Staates ist, für den er gewählt wird.

Der Vizepräsident der Vereinigten Staaten ist Präsident des Senats. Er hat jedoch kein Stimmrecht, ausgenommen im Falle der Stimmengleichheit.

Der Senat wählt seine sonstigen Parlamentsorgane und auch einen Interimspräsidenten zur zeitweiligen Geschäftsführung, wenn der Vizepräsident abwesend ist oder das Amt des Präsidenten der Vereinigten Staaten wahrnimmt.

Der Senat ist allein befugt, über alle Amtsklagen zu befinden. Wenn er zu diesem Zwecke zusammentritt, stehen die Senatoren unter Eid oder eidesstattlicher Verantwortlichkeit. Bei Anklagen gegen den Präsidenten der Vereinigten Staaten führt der Chefrichter des Obersten Bundesgerichts den Vorsitz. Niemand darf ohne Zustimmung von zwei Dritteln der anwesenden Mitglieder schuldig gesprochen werden.

In Fällen von Amtsanklagen lautet der Spruch höchstens auf Entfernung aus dem Amte und Aberkennung der Befähigung, ein Ehrenamt, eine Vertrauensstellung oder ein besoldetes Amt im Dienste der Vereinigten Staaten zu bekleiden oder auszuüben. Der für schuldig Befundene ist desungeachtet der Anklageerhebung, dem Strafverfahren, der Verurteilung und Strafverbüßung nach Maßgabe der Gesetze ausgesetzt und unterworfen.

Abschnitt 4: Zeit, Ort und Art der Durchführung der Wahlen der Senatoren und Abgeordneten werden in jedem Staate durch dessen gesetzgebende Körperschaft bestimmt. Jedoch kann der Kongreß jederzeit selbst durch Gesetze solche Bestimmungen erlassen oder ändern, mit Ausnahme der Bestimmung hinsichtlich der Orte der Durchführung der Senatswahlen.

Der Kongreß tritt wenigstens einmal in jedem Jahre zusammen, und zwar am ersten Montag im Dezember[4], es sei denn, er bestimmt durch Gesetz einen anderen Tag.

Abschnitt 5: Jedem Haus obliegt das Prüfungsverfahren über die Wahl, die Abstimmungsergebnisse und die Wählbarkeitsvoraussetzungen seiner eigenen Mitglieder. In jedem Hause ist die Anwesenheit der Mehrheit der Mitglieder zur Beschlußfähigkeit erforderlich. Jedoch kann eine kleinere Zahl Anwesender die Sitzung von einem Tag auf den anderen vertagen und ist befugt, das Erscheinen abwesender Mitglieder im Einklang mit der für jedes Haus vorgesehenen Regelung

[3] Durch den 17. Zusatzartikel geändert.
[4] Durch den 20. Zusatzartikel abgeändert.

in ihr geeignet scheinender Form und unter entsprechender Strafandrohung zu erzwingen.

Jedes Haus kann sich eine Geschäftsordnung geben, seine Mitglieder wegen ordnungswidrigen Verhaltens bestrafen und, mit Zweidrittelmehrheit, ein Mitglied ausschließen.

Jedes Haus führt ein fortlaufendes Verhandlungsprotokoll und veröffentlicht dieses von Zeit zu Zeit mit Ausnahme solcher Teile, die nach Ermessen der Mitglieder Geheimhaltung erfordern; die Ja- und die Nein-Stimmen der Mitglieder jedes Hauses zu allen Fragen werden auf Antrag eines Fünftels der Anwesenden im Verhandlungsprotokoll vermerkt.

Keines der beiden Häuser darf sich während der Sitzungsperiode des Kongresses ohne Zustimmung des andern auf mehr als drei Tage vertagen, noch an einem anderen als dem für beide Häuser bestimmten Sitzungsort zusammentreten.

Abschnitt 6: Die Senatoren und Abgeordneten erhalten für ihre Tätigkeit eine Entschädigung, die gesetzlich festgelegt und vom Schatzamt der Vereinigten Staaten ausbezahlt werden soll. Sie sind in allen Fällen, außer bei Verrat, Verbrechen und Friedensbruch, vor Verhaftung geschützt, solange sie einer Sitzung ihres jeweiligen Hauses beiwohnen oder sich auf dem Wege dorthin oder auf dem Nachhausewege von dorther befinden; kein Mitglied darf wegen seiner Reden oder wegen irgendwelcher Äußerungen in einem der Häuser andernorts zur Rechenschaft gezogen werden.

Kein Senator oder Abgeordneter darf während der Zeit, für die er gewählt wurde, in irgendeine Beamtenstellung im Dienste der Vereinigten Staaten berufen werden, die während dieser Zeit geschaffen oder deren Bezüge erhöht wurden; und niemand, der ein Amt im Dienste der Vereinigten Staaten bekleidet, darf während seiner Amtsdauer Mitglied eines der beiden Häuser sein.

Abschnitt 7: Alle Gesetzesvorlagen für die Erhebung von Staatseinkünften gehen vom Repräsentantenhaus aus; dem Senat steht jedoch, wie bei anderen Gesetzesvorlagen, das Recht zu, Abänderungsvorschläge einzubringen.

Jede Gesetzesvorlage wird nach ihrer Verabschiedung durch das Repräsentantenhaus und den Senat, ehe sie Gesetzeskraft erlangt, dem Präsidenten der Vereinigten Staaten vorgelegt. Wenn er sie billigt, so soll er sie unterzeichnen, andernfalls jedoch mit seinen Einwendungen an jenes Haus zurückleiten, von dem sie ausgegangen ist; dieses nimmt die Einwendungen ausführlich in sein Protokoll auf und tritt erneut in ihre Beratung ein. Wenn nach dieser erneuten Lesung zwei Drittel des betreffenden Hauses für die Vorlage stimmen, so wird sie zusammen mit den Einwendungen dem anderen Hause zugesandt, um dort gleichfalls erneut beraten zu werden; wenn sie die Zustimmung von zwei Dritteln auch dieses Hauses findet, wird sie Gesetz. In allen solchen Fällen aber erfolgt die Abstimmung in beiden Häusern nach Ja- und Nein-Stimmen und die Namen derer, die für und gegen die Gesetzesvorlage stimmen, werden im Protokoll des betreffenden Hauses vermerkt. Falls eine Gesetzesvorlage vom Präsidenten nicht innerhalb von zehn Tagen (Sonntage nicht eingerechnet) nach der Übermittlung an ihn zurückgegeben wird, erlangt sie in gleicher Weise Gesetzeskraft, als ob er sie unterzeichnet hätte, es sei denn, daß der Kongreß durch Vertagung die Rückgabe verhindert hat; in diesem Fall erlangt sie nicht Gesetzeskraft.

Jede Anordnung, Entschließung oder Abstimmung, für die Übereinstimmung von Senat und Repräsentantenhaus erforderlich ist (ausgenommen die Frage einer

Vertagung), muß dem Präsidenten der Vereinigten Staaten vorgelegt, und ehe sie wirksam wird, von ihm genehmigt werden; falls er ihre Billigung ablehnt, muß sie von Senat und Repräsentantenhaus mit Zweidrittelmehrheit nach Maßgabe der für den Fall von Gesetzesvorlagen erläuterten Verfahrensbestimmungen und Beschränkungen neuerlich verabschiedet werden.

Abschnitt 8: Der Kongreß hat das Recht:

Steuern, Zölle, Abgaben und Akzisen aufzuerlegen und einzuziehen, um die Zahlungsverpflichtungen zu erfüllen und für die Landesverteidigung und das allgemeine Wohl der Vereinigten Staaten zu sorgen; alle Zölle, Abgaben und Akzisen sind aber für das gesamte Gebiet der Vereinigten Staaten einheitlich festzusetzen;

auf Rechnung der Vereinigten Staaten Kredit aufzunehmen;

den Handel mit fremden Völkern, zwischen den Einzelstaaten und mit den Indianerstämmen zu regeln;

für das gesamte Gebiet der Vereinigten Staaten eine einheitliche Einbürgerungsordnung zu schaffen und ein einheitliches Konkursrecht einzuführen;

Münzen zu prägen, ihren Wert und den fremder Währungen zu bestimmen und Maße und Gewichte festzusetzen;

Strafbestimmungen für Fälschung von Staatsobligationen und gültigen Münzen der Vereinigten Staaten zu erlassen;

Postämter und Poststraßen einzurichten;

den Fortschritt von Kunst und Wissenschaft dadurch zu fördern, daß Autoren und Erfindern für beschränkte Zeit das ausschließliche Recht an ihren Publikationen und Entdeckungen gesichert wird;

dem Obersten Bundesgerichtshof untergeordnete Gerichtshöfe zu errichten;

Seeräuberei und andere Kapitalverbrechen auf hoher See sowie Verletzungen des Völkerrechts begrifflich zu bestimmen und zu ahnden;

Krieg zu erklären, Kaperbriefe auszustellen und Vorschriften über das Prisen- und Beuterecht zu erlassen;

Armeen aufzustellen und zu unterhalten; die Bewilligung von Geldmitteln hierfür soll jedoch nicht länger als auf zwei Jahre erteilt werden;

eine Flotte zu bauen und zu unterhalten;

Reglements für Führung und Dienst der Land- und Seestreitkräfte zu erlassen;

Vorkehrungen für das Aufgebot der Miliz zu treffen, um den Gesetzen der Union Geltung zu verschaffen, Aufstände zu unterdrücken und Invasionen abzuwehren;

Vorkehrungen zu treffen für Aufbau, Bewaffnung und Ausbildung der Miliz und die Führung derjenigen ihrer Teile, die im Dienst der Vereinigten Staaten Verwendung finden, wobei jedoch den Einzelstaaten die Ernennung der Offiziere und die Aufsicht über die Ausbildung der Miliz nach den Vorschriften des Kongresses vorbehalten bleiben;

die ausschließliche und uneingeschränkte Gesetzgebung über das Gebiet (das nicht größer als 10 Quadratmeilen sein soll) auszuüben, das durch Abtretung seitens einzelner Staaten und Annahme seitens des Kongresses zum Sitz der Regierung der Vereinigten Staaten ausersehen wird, um die gleiche Hoheit über alle Gebiete auszuüben, die mit Zustimmung der gesetzgebenden Körperschaft des Staates, in dem sie gelegen sind, zwecks Errichtung von Befestigungen, Magazinen, Arsenalen, Werften und anderen notwendigen Bauwerken angekauft werden; – und

alle zur Ausübung der vorstehenden Befugnisse und aller anderen Rechte, die der Regierung der Vereinigten Staaten, einem ihrer Zweige oder einem einzelnen Beamten auf Grund dieser Verfassung übertragen sind, notwendigen und zweckdienlichen Gesetze zu erlassen.

Abschnitt 9: Die Einwanderung oder Hereinholung solcher Personen, deren Zulassung einer der derzeit bestehenden Staaten für angebracht hält, darf vom Kongreß vor dem Jahre 1808 nicht verboten werden, doch kann eine solche Hereinbringung mit Steuer oder Zoll von nicht mehr als zehn Dollar für jede Person belegt werden[5].

Der Anspruch auf Ausstellung eines habeas-corpus-Befehls darf nicht aufgehoben werden, es sei denn, daß die öffentliche Sicherheit dies im Falle eines Aufstandes oder Einfalles erforderlich macht.

Proskriptionsgesetze und Gesetze mit rückwirkender Kraft dürfen nicht verabschiedet werden.

Kopfsteuern oder sonstige direkte Steuern dürfen nur nach Maßgabe der Ergebnisse der Schätzung oder Volkszählung, wie sie im vorhergehenden angeordnet wurde, auferlegt werden[6].

Auf Waren, die aus einem der Einzelstaaten ausgeführt werden, darf keine Steuer und kein Zoll erhoben werden.

Eine Begünstigung der Häfen eines der Einzelstaaten gegenüber denen eines anderen durch irgendwelche handels- oder steuerrechtlichen Vorschriften darf nicht eingeräumt werden; und Schiffe mit Bestimmungs- oder Abgangshafen in einem der Staaten dürfen nicht gezwungen werden, in einem anderen anzulegen, zu klarieren oder Gebühren oder Zölle zu entrichten.

Geld darf der Staatskasse nur auf Grund gesetzlicher Bewilligungen entnommen werden; über alle Einkünfte und Ausgaben der öffentlichen Hand ist der Öffentlichkeit von Zeit zu Zeit ordnungsgemäß Rechnung zu legen.

Adelstitel dürfen durch die Vereinigten Staaten nicht verliehen werden. Niemand, der ein solches Amt oder Ehrenamt im Dienste der Vereinigten Staaten bekleidet, darf ohne Zustimmung des Kongresses ein Geschenk, Entgelt oder einen Titel irgendeiner Art von einem König, Fürsten oder fremden Staat annehmen.

Abschnitt 10: Keiner der Einzelstaaten darf einen Vertrag abschließen oder ein Bündnis eingehen oder sich einer Konföderation anschließen, Kaperbriefe ausstellen, Münzen prägen, Banknoten ausgeben, irgend etwas anderes als Gold- und Silbermünzen zum gesetzlichen Zahlungsmittel erklären, Proskriptionsgesetze, Gesetze mit rückwirkender Kraft oder ein vertragliche Verpflichtungen beeinträchtigendes Gesetz verabschieden oder einen Adelstitel verleihen.

Keiner der Einzelstaaten darf ohne Zustimmung des Kongresses Abgaben oder Zölle auf Ein- oder Ausfuhr legen, soweit dies nicht zur Durchführung der Überwachungsgesetze unbedingt nötig ist; der einem Staat aus Ein- oder Ausfuhrzöllen und Abgaben erwachsende Reinertrag kommt dem Schatzamt der Vereinigten Staaten zu; und alle derartigen Gesetze unterliegen der Überprüfung und Revisionsgewalt des Kongresses.

Kein Staat darf ohne Zustimmung des Kongresses Tonnagezölle erheben, in Friedenszeiten Truppen oder Kriegsschiffe unterhalten, Vereinbarungen oder Verträge mit einem der anderen Staaten oder mit einer fremden Macht schließen

[5] Überholt.

[6] Vgl. den 16. Zusatzartikel.

oder sich in einen Krieg einlassen, es sei denn, er werde tatsächlich angegriffen, oder falls die unmittelbare Gefahr keinen Aufschub duldet.

ARTIKEL 2

Abschnitt 1 : Die vollziehende Gewalt liegt bei dem Präsidenten der Vereinigten Staaten von Amerika. Seine Amtszeit beträgt vier Jahre, und er wird zugleich mit dem für dieselbe Amtsdauer zu wählenden Vizepräsidenten auf folgende Weise gewählt:

Jeder Einzelstaat bestimmt in der von seiner gesetzgebenden Körperschaft vorgeschriebenen Weise eine Anzahl von Wahlmännern, die der Gesamtzahl der dem Staat im Kongreß zustehenden Senatoren und Abgeordneten gleich ist; jedoch darf kein Senator oder Abgeordneter oder eine Person, die ein besoldetes Amt oder ein Ehrenamt im Dienste der Vereinigten Staaten bekleidet, zum Wahlmann bestellt werden.

Die Wahlmänner treten in ihren Staaten zusammen und geben auf zwei Namen lautende Stimmzettel ab; mindestens einer der Bezeichneten darf nicht Einwohner desselben Staates sein wie sie selber. Sie legen eine Liste an über alle Personen, für die Stimmen abgegeben worden sind, und die Anzahl der ihnen zugefallenen Stimmen; diese Liste unterzeichnen und beglaubigen sie und übersenden sie versiegelt an den Sitz der Regierung der Vereinigten Staaten, zu Händen des Senatspräsidenten. Der Präsident des Senats öffnet vor Senat und Repräsentantenhaus alle diese beglaubigten Listen; anschließend erfolgt die Zählung der Stimmen. Derjenige, der die größte Stimmenzahl auf sich vereinigt, wird Präsident, wenn die Zahl seiner Stimmen die Hälfte der Gesamtzahl der bestellten Wahlmänner übersteigt; wenn aber mehrere eine derartige Mehrheit erreichen und alle Stimmen gleich mit den anderen sind, dann wählt das Repräsentantenhaus sogleich einen von ihnen durch Stimmzettel zum Präsidenten; und wenn niemand eine derartige Mehrheit erreicht hat, dann wählt das genannte Haus in gleicher Weise aus den ersten fünf auf der Liste stehenden Personen den Präsidenten. Bei dieser Präsidentschaftsstichwahl wird jedoch nach Staaten abgestimmt, wobei die Vertretung jedes Staates eine Stimme hat; zur Beschlußfähigkeit ist für diese Abstimmung die Anwesenheit von einem oder mehreren Abgeordneten von zwei Dritteln der Staaten, und zum Entscheid eine Mehrheit aller Einzelstaaten erforderlich. In jedem Fall wird nach der Wahl des Präsidenten derjenige, der die größte Anzahl der Wahlmännerstimmen auf sich vereinigt, Vizepräsident. Wenn aber zwei oder mehrere die gleiche Stimmenzahl aufweisen, dann wählt der Senat unter ihnen durch Stimmzettel den Vizepräsidenten[7].

Der Kongreß kann den Zeitpunkt für die Wahl der Wahlmänner und den Tag ihrer Stimmenabgabe festsetzen; dieser Tag soll im ganzen Bereich der Vereinigten Staaten derselbe sein.

In das Amt des Präsidenten können nur in den Vereinigten Staaten gebürtige Bürger oder Personen, die zur Zeit der Annahme dieser Verfassung Bürger der Vereinigten Staaten waren, gewählt werden; es kann niemand in dieses Amt gewählt werden, der nicht das Alter von 35 Jahren erreicht und seinen Wohnsitz seit 14 Jahren im Gebiete der Vereinigten Staaten hat.

[7] Durch den 12. Zusatzartikel ersetzt.

Im Falle der Amtsenthebung des Präsidenten oder seines Todes, Rücktritts oder der Unfähigkeit zur Wahrnehmung der Befugnisse und Obliegenheiten seines Amtes geht es auf den Vizepräsidenten über. Der Kongreß kann durch Gesetz für den Fall der Amtsenthebung, des Todes, des Rücktritts oder der Amtsunfähigkeit sowohl des Präsidenten als auch des Vizepräsidenten Vorsorge treffen und bestimmen, welcher Beamte dann die Geschäfte des Präsidenten wahrnehmen soll, und dieser Beamte nimmt dann die Geschäfte so lange wahr, bis die Amtsunfähigkeit behoben oder ein Präsident gewählt worden ist.

Der Präsident erhält zu festgesetzten Zeiten für seine Dienste eine Vergütung. Diese darf während der Zeit, für die er gewählt ist, weder vermehrt noch vermindert werden, und er darf während dieses Zeitraumes auch keine sonstigen Einkünfte von den Vereinigten Staaten oder einem der Einzelstaaten beziehen.

Ehe er sein Amt antritt, soll er diesen Eid oder dieses Gelöbnis leisten:

„*Ich schwöre (oder gelobe) feierlich, daß ich das Amt des Präsidenten der Vereinigten Staaten getreulich verwalten und die Verfassung der Vereinigten Staaten nach besten Kräften erhalten, schützen und verteidigen werde.*“

Abschnitt 2: Der Präsident ist Oberbefehlshaber der Armee und der Flotte der Vereinigten Staaten und der Miliz der Einzelstaaten, wenn diese zur aktiven Dienstleistung für die Vereinigten Staaten aufgerufen wird; er kann von den Leitern der einzelnen Abteilungen der Bundesexekutive die schriftliche Stellungnahme zu Angelegenheiten aus dem Dienstbereich der betreffenden Behörde verlangen, und er hat, außer in Fällen der Amtsanklage, das Recht, Strafaufschub und Begnadigung für strafbare Handlungen gegen die Vereinigten Staaten zu gewähren.

Er hat das Recht, auf Anraten und mit Zustimmung des Senats Verträge zu schließen, vorausgesetzt, daß zwei Drittel der anwesenden Senatoren zustimmen. Er ernennt auf Anraten und mit Zustimmung des Senats Botschafter, Gesandte und Konsuln, die Richter des Obersten Bundesgerichts und alle sonstigen Beamten der Vereinigten Staaten, deren Bestellung hierin nicht anderweitig geregelt ist und deren Ämter durch Gesetz geschaffen werden; doch kann der Kongreß nach seinem Ermessen die Ernennung von unteren Beamten durch Gesetz dem Präsidenten allein, den Gerichtshöfen oder den Leitern der Abteilungen der Bundesexekutive übertragen.

Der Präsident hat die Befugnis, alle während der Senatsferien freiwerdenden Beamtenstellen im Wege des Amtsauftrags zu besetzen, der Ende der nächsten Sitzungsperiode erlischt.

Abschnitt 3: Er hat von Zeit zu Zeit dem Kongreß über die Lage der Union Bericht zu erstatten und Maßnahmen zur Beratung zu empfehlen, die er für notwendig und nützlich erachtet. Er kann bei außerordentlichen Anlässen beide oder eines der Häuser einberufen und kann sie, falls sie sich über die Zeit der Vertagung nicht einigen können, bis zu einem ihm geeignet erscheinenden Zeitpunkt vertagen. Er empfängt Botschafter und Gesandte. Er hat Sorge zu tragen, daß die Gesetze gewissenhaft vollzogen werden und stellt die Patente für die Offiziere der Vereinigten Staaten aus.

Abschnitt 4: Der Präsident, der Vizepräsident und alle Beamten der Vereinigten Staaten werden ihres Amtes enthoben, wenn sie wegen Verrats, Bestechung oder anderer Verbrechen und Vergehen unter Amtsanklage gestellt und für schuldig befunden worden sind.

ARTIKEL 3

Abschnitt 1: Die richterliche Gewalt der Vereinigten Staaten liegt bei einem Obersten Bundesgericht und bei solchen unteren Gerichten, deren Errichtung der Kongreß von Fall zu Fall anordnen wird. Die Richter sowohl des Obersten Bundesgerichts als auch der unteren Gerichte sollen im Amt bleiben, solange ihre Amtsführung einwandfrei ist, und zu bestimmten Zeiten für ihre Dienste eine Besoldung erhalten, die während ihrer Amtsdauer nicht herabgesetzt werden darf.

Abschnitt 2: Die richterliche Gewalt erstreckt sich nach Recht und Billigkeit auf alle Fälle, die sich aus dieser Verfassung, den Gesetzen der Vereinigten Staaten und den Verträgen ergeben, die in ihrem Namen abgeschlossen wurden oder künftig geschlossen werden; – auf alle Fälle, die Botschafter, Gesandte und Konsuln betreffen; – auf alle Fälle der Admiralitäts- und Seegerichtsbarkeit; – auf Streitigkeiten, in denen die Vereinigten Staaten Streitpartei sind; – auf Streitigkeiten zwischen zwei oder mehreren Einzelstaaten; – zwischen einem Einzelstaat und den Bürgern eines anderen Einzelstaates[8]; – zwischen Bürgern verschiedener Einzelstaaten; – zwischen Bürgern desselben Einzelstaates, die auf Grund von Verleihungen seitens verschiedener Einzelstaaten Ansprüche auf Land erheben, und zwischen einem Einzelstaat oder dessen Bürgern und fremden Staaten, Bürgern oder Untertanen.

In allen Fällen, die Botschafter, Gesandte und Konsuln betreffen und in die ein Einzelstaat verwickelt ist, übt das Oberste Bundesgericht ursprüngliche Gerichtsbarkeit aus. In allen anderen obenerwähnten Fällen ist das Oberste Bundesgericht Appellationsinstanz sowohl hinsichtlich der Rechtsauslegung als auch der Beweiswürdigung nach Maßgabe der vom Kongreß zu bestimmenden Ausnahmen und Verfahrensregeln.

Alle Strafverfahren mit Ausnahme von Fällen der Amtsanklage finden vor einem Geschworenengericht statt, und die Verhandlung findet in dem Einzelstaat statt, in dem das fragliche Verbrechen begangen worden ist. Wenn das Verbrechen aber nicht im Gebiet eines der Einzelstaaten begangen worden ist, so findet die Verhandlung an einem Orte oder Orten statt, die der Kongreß durch Gesetz bestimmen wird.

Abschnitt 3: Als Verrat gegen die Vereinigten Staaten gilt nur Führung eines Krieges gegen sie oder die Gewährung von Hilfe und Unterstützung an ihre Feinde. Niemand darf des Verrats schuldig befunden werden, es sei denn auf Grund der Aussage zweier Zeugen über dieselbe offenkundige Handlung oder auf Grund eines Geständnisses in öffentlicher Gerichtssitzung.

Der Kongreß hat die Befugnis, die Strafe für Verrat festzusetzen. Die Rechtsfolgen des Verrats dürfen sich nicht auf die Nachkommen auswirken, und ein Vermögensentzug kann nur für die Lebenszeit des Verurteilten ausgesprochen werden.

ARTIKEL 4

Abschnitt 1: Gesetze, Urkunden und richterliche Entscheidungen jedes Einzelstaates genießen in jedem anderen Staat volle Würdigung und Anerkennung. Der Kongreß kann durch allgemeine Gesetzgebung bestimmen, in welcher Form das

[8] Durch den 11. Zusatzartikel eingeschränkt.

Bestehen und Vorliegen derartiger Gesetze, Urkunden und richterlicher Entscheidungen unter Beweis zu stellen ist und welche Rechtswirkung ihnen zukommt.

Abschnitt 2: Die Bürger eines jeden Einzelstaates genießen alle Vorrechte und Freiheiten der Bürger anderer Einzelstaaten[9].

Wer in irgendeinem Einzelstaat des Verrats oder eines Verbrechens oder Vergehens angeklagt wird, sich der Strafverfolgung durch Flucht entzieht und in einem anderen Staat aufgegriffen wird, muß auf Verlangen der Regierung des Staates, aus dem er entflohen ist, ausgeliefert und nach dem Staat geschafft werden, der die Gerichtsbarkeit über dieses Verbrechen ausübt.

Niemand, der in einem Einzelstaat nach dessen Gesetzen zu Dienst oder Arbeit verpflichtet ist und in einen anderen Staat entflieht, darf auf Grund dort geltender gesetzlicher Bestimmungen von dieser Dienst- oder Arbeitspflicht befreit werden. Er ist vielmehr auf Verlangen desjenigen, dem er zu Dienst oder Arbeit verpflichtet ist, auszuliefern[10].

Abschnitt 3: Neue Staaten können vom Kongreß in diese Union aufgenommen werden. Jedoch darf kein neuer Staat innerhalb des Hoheitsbereichs eines anderen Staates gebildet oder errichtet werden. Auch darf kein neuer Staat durch die Vereinigung von zwei oder mehr Einzelstaaten oder Teilen von Einzelstaaten ohne die Zustimmung sowohl der gesetzgebenden Körperschaften der betreffenden Einzelstaaten als auch des Kongresses gebildet werden.

Der Kongreß hat das Recht, über die Ländereien und sonstiges Eigentum der Vereinigten Staaten zu verfügen und alle erforderlichen Anordnungen und Richtlinien hierüber zu erlassen; und keine Bestimmung dieser Verfassung soll so ausgelegt werden, daß durch sie Ansprüche der Vereinigten Staaten oder irgendeines Einzelstaates präjudiziert würden.

Abschnitt 4: Die Vereinigten Staaten gewährleisten jedem Staat der Union eine republikanische Regierungsform; sie schützen jeden von ihnen gegen feindliche Einfälle und auf Antrag seiner gesetzgebenden Körperschaft oder der vollziehenden Gewalt (wenn die gesetzgebende Körperschaft nicht einberufen werden kann) auch gegen innere Unruhen.

ARTIKEL 5

Der Kongreß schlägt, wenn immer zwei Drittel beider Häuser es für notwendig halten, Abänderungen zu dieser Verfassung vor oder beruft auf Ansuchen der gesetzgebenden Körperschaften von zwei Dritteln der Einzelstaaten einen Konvent zur Ausarbeitung von Abänderungsvorschlägen und Zusätzen ein, die in beiden Fällen nach Sinn und Absicht als Teile dieser Verfassung Rechtskraft erlangen, wenn sie von den gesetzgebenden Körperschaften oder von Konventen in drei Vierteln der Einzelstaaten ratifiziert werden, je nachdem, welche Form der Ratifikation vom Kongreß vorgeschlagen wird. Jedoch darf keine Abänderung vor dem Jahre 1808 in irgendeiner Weise den 1. und 4. Absatz des 9. Abschnittes des 1. Artikels berühren[11]; und keinem Staat darf ohne seine Zustimmung das gleiche Stimmrecht im Senat entzogen werden.

[9] Durch den 14. Zusatzartikel erweitert.
[10] Durch den 13. Zusatzartikel überholt.
[11] Überholt.

ARTIKEL 6

Alle vor Annahme dieser Verfassung bestehenden Schulden und eingegangenen Verbindlichkeiten sind den Vereinigten Staaten gegenüber unter dieser Verfassung ebenso rechtswirksam wie unter den Konföderationsartikeln[12].

Diese Verfassung, die in ihrem Verfolg zu erlassenden Gesetze der Vereinigten Staaten sowie alle im Namen der Vereinigten Staaten abgeschlossenen oder künftig abzuschließenden Verträge sind oberstes Gesetz des Landes; und die Richter in jedem Einzelstaat sind daran gebunden, auch wenn ihnen Verfassung oder Gesetze des Einzelstaates entgegenstehen.

Die obengenannten Senatoren und Abgeordneten, die Mitglieder der gesetzgebenden Körperschaften der Einzelstaaten und alle Verwaltungs- und Justizbeamten sowohl der Vereinigten Staaten als auch der Einzelstaaten haben sich durch Eid oder Gelöbnis zu verpflichten, dieser Verfassung zu dienen. Jedoch darf niemals ein religiöses Bekenntnis zur Voraussetzung für den Antritt eines Amtes oder einer öffentlichen Vertrauensstellung im Dienste der Vereinigten Staaten gemacht werden.

ARTIKEL 7

Die Ratifikation durch die Konvente von neun Staaten ist ausreichend, diese Verfassung für die ratifizierenden Staaten in Kraft zu setzen.

Gegeben im Konvent mit einmütiger Zustimmung der anwesenden Staaten am 17. Tage des Monats September im Jahre des Herrn 1787 und im 12. Jahre der Unabhängigkeit der Vereinigten Staaten von Amerika. Zu Urkund dessen wir hier unsere Namen unterzeichnen.

Go. Washington
Präsident und Abgeordneter von Virginia

NEW HAMPSHIRE:
John Langdon; Nicholas Gilman.
MASSACHUSETTS:
Nathaniel Gorham; Rufus King.
CONNECTICUT:
Wm. Saml. Johnson; Roger Sherman.
NEW YORK:
Alexander Hamilton.
NEW JERSEY:
Wil. Livingston; David Brearley; Wm. Paterson; Jona. Dayton.
PENNSYLVANIA:
B. Franklin; Thomas Mifflin; Robt. Morris; Geo. Clymer; Tho. Fitz Simons; Jared Ingersoll; James Wilson; Gouv. Morris.
DELAWARE:
Geo. Read; Gunning Bedford, Jun.; John Dickinson; Richard Bassett; Jaco. Broom.
MARYLAND:
James McHenry; Dan of St. Thos. Jenifer; Danl. Caroll.

[12] Durch den 14. Zusatzartikel erweitert.

VIRGINIA:
John Blair; James Madison, Jr.
NORTH CAROLINA:
Wm. Blount; Rich. Dobbs Spaight; Hu. Williamson.
SOUTH CAROLINA:
J. Rutledge; Charles Cotesworth Pinckney; Charles Pinckney;
Pierce Butler.
GEORGIA:
William Few; Abr. Baldwin.

Beglaubigt: William Jackson, Sekretär.

ZUSATZARTIKEL 1[13]

Der Kongreß darf kein Gesetz erlassen, das die Einführung einer Religion zum Gegenstand hat, die freie Religionsausübung beschränkt, die Rede- und Pressefreiheit oder das Recht des Volkes einschränkt, sich friedlich zu versammeln und die Regierung durch Petition zur Abstellung von Mißständen zu ersuchen.

ZUSATZARTIKEL 2

Da eine gut ausgebildete Miliz für die Sicherheit eines freien Staates erforderlich ist, darf das Recht des Volkes, Waffen zu besitzen und zu tragen, nicht beeinträchtigt werden.

ZUSATZARTIKEL 3

Kein Soldat darf in Friedenszeiten ohne Zustimmung des Eigentümers in einem Hause einquartiert werden, und auch in Kriegszeiten darf dies nur in gesetzlich vorgeschriebener Weise geschehen.

ZUSATZARTIKEL 4

Das Recht des Volkes auf Sicherheit der Person und der Wohnung, von Urkunden und Eigentum gegen willkürliche Durchsuchung, Verhaftung und Beschlagnahme darf nicht verletzt werden, und Haussuchungs- und Haftbefehle dürfen nur bei Vorliegen eines eidlich oder eidesstattlich erhärteten Grundes ausgestellt werden und müssen die zu durchsuchende Örtlichkeit und die in Gewahrsam zu nehmenden Personen oder Gegenstände genau bezeichnen.

ZUSATZARTIKEL 5

Niemand darf wegen eines Kapitalverbrechens oder eines sonstigen schimpflichen Verbrechens zur Verantwortung gezogen werden, es sei denn auf Grund eines Antrages oder einer Anklage durch ein Großes Geschworenengericht. Hiervon

[13] Die Zusatzartikel 1-10 bilden die sogenannte „Bill of Rights" und sind 1791 in Kraft getreten.

ausgenommen sind Fälle, die sich bei den Land- oder Seestreitkräften oder bei der Miliz ereignen, wenn diese in Kriegszeit oder bei öffentlicher Gefahr im aktiven Dienst stehen. Niemand darf wegen derselben Straftat zweimal durch ein Verfahren in Gefahr des Leibes und des Lebens gebracht werden. Niemand darf in einem Strafverfahren zur Aussage gegen sich selbst gezwungen noch des Lebens, der Freiheit oder des Eigentums ohne vorheriges ordentliches Gerichtsverfahren in Einklang mit dem Gesetz beraubt werden. Privateigentum darf nicht ohne angemessene Entschädigung für öffentliche Zwecke verwendet werden.

ZUSATZARTIKEL 6

In allen Strafverfahren hat der Angeklagte Anspruch auf einen unverzüglichen und öffentlichen Prozeß vor einem unparteiischen Geschworenengericht desjenigen Staates und Bezirks, in dem das Verbrechen begangen wurde; der zuständige Bezirk muß vorher auf gesetzlichem Wege ermittelt worden sein. Der Angeklagte hat weiterhin Anspruch darauf, über die Art und Gründe der Anklage unterrichtet und den Belastungszeugen gegenübergestellt zu werden, sowie auf Zwangsvorladung von Entlastungszeugen und einen Rechtsbeistand zu seiner Verteidigung.

ZUSATZARTIKEL 7

In Zivilprozessen, in denen der Streitwert zwanzig Dollar übersteigt, besteht ein Anrecht auf ein Verfahren vor einem Geschworenengericht, und die von einem derartigen Gericht angestellte Beweisführung darf von keinem Gerichtshof der Vereinigten Staaten nach anderen Regeln als denen des gemeinen Rechts erneut zum Verhandlungsgegenstand gemacht werden.

ZUSATZARTIKEL 8

Unbillig hohe Bürgschaften dürfen nicht gefordert, übermäßige Geldstrafen nicht auferlegt und grausame oder ungewöhnliche Strafen nicht verhängt werden.

ZUSATZARTIKEL 9

Die Aufzählung bestimmter Rechte in der Verfassung darf nicht dahingehend ausgelegt werden, daß durch sie andere dem Volke vorbehaltene Rechte versagt oder eingeschränkt werden.

ZUSATZARTIKEL 10

Die Machtbefugnisse, die von der Verfassung weder den Vereinigten Staaten übertragen noch den Einzelstaaten entzogen werden, bleiben den Einzelstaaten oder dem Volke vorbehalten.

ZUSATZARTIKEL 11[14]

Die Befugnisse der Judikatur der Vereinigten Staaten dürfen nicht dahingehend ausgelegt werden, daß sie sich auf Klagen nach dem Gesetz oder Billigkeitsrecht

[14] 1798 in Kraft getreten.

erstrecken, die von Bürgern eines anderen Einzelstaates oder von Bürgern oder Untertanen eines ausländischen Staates gegen einen der Einzelstaaten der Vereinigten Staaten angestrengt oder durchgefochten werden.

ZUSATZARTIKEL 12[15]

Die Wahlmänner treten in ihren Staaten zusammen und stimmen durch Stimmzettel für einen Präsidenten und einen Vizepräsidenten, von denen mindestens einer nicht Einwohner desselben Staates sein darf wie sie selber. Sie bezeichnen auf ihrem Stimmzettel die Person, die sie zum Präsidenten wählen wollen, und auf einem gesonderten Zettel die Person, die sie zum Vizepräsidenten wählen wollen. Sie legen getrennte Listen an über alle Personen, die Stimmen für die Präsidentschaft und für die Vizepräsidentschaft erhalten haben und die Anzahl der ihnen zugefallenen Stimmen; diese Listen unterzeichnen, beglaubigen und übersenden sie versiegelt an den Sitz der Regierung der Vereinigten Staaten, zu Händen des Senatspräsidenten. Der Präsident des Senats öffnet vor dem Senat und Repräsentantenhaus alle diese beglaubigten Listen; anschließend erfolgt die Zählung der Stimmen; derjenige, der die größte Stimmenzahl für die Präsidentschaft auf sich vereinigt, wird Präsident, wenn die Zahl seiner Stimmen die Hälfte der Gesamtzahl der bestellten Wahlmänner übersteigt; wenn niemand eine derartige Mehrheit erreicht hat, so wählt das Repräsentantenhaus sofort aus den drei Personen, die auf der Liste der für die Präsidentschaft abgegebenen Stimmen die höchsten Zahlen aufweisen, durch Stimmzettel den Präsidenten. Bei dieser Präsidentschaftswahl wird jedoch nach Staaten abgestimmt, wobei die Vertretung jedes Staates eine Stimme hat. Zur Beschlußfähigkeit ist für diese Abstimmung die Anwesenheit von je einem oder mehreren Mitgliedern von zwei Dritteln der Staaten und zum Entscheid eine Mehrheit aller Einzelstaaten erforderlich. Wenn das Wahlrecht dem Repräsentantenhaus zufällt, und es nicht vor dem darauffolgenden 4. März einen Präsidenten wählt, so amtiert der Vizepräsident als Präsident, wie im Falle des Todes oder einer sonstigen, durch die Verfassung bezeichneten Form der Amtsunfähigkeit des Präsidenten.

Derjenige, der die größte Stimmenzahl für die Vizepräsidentschaft auf sich vereinigt, wird Vizepräsident, wenn die Zahl seiner Stimmen die Hälfte der Gesamtzahl der bestellten Wahlmänner übersteigt. Wenn niemand eine derartige Mehrheit erreicht hat, so wählt der Senat von den zwei Personen, die auf der Liste die höchste Stimmenzahl aufweisen, den Vizepräsidenten; zur Beschlußfähigkeit ist für diese Abstimmung die Anwesenheit von zwei Dritteln der Gesamtzahl der Senatoren und zum Entscheid eine Mehrheit aus der Gesamtzahl erforderlich. Wer nach der Verfassung nicht zum Amt des Präsidenten wählbar ist, darf auch nicht in das Amt des Vizepräsidenten gewählt werden.

ZUSATZARTIKEL 13[16]

Abschnitt 1: Weder Sklaverei noch Zwangsdienstbarkeit darf, außer als Strafe für ein Verbrechen, dessen die betreffende Person in einem ordentlichen Verfahren für schuldig befunden worden ist, in den Vereinigten Staaten oder in irgendeinem ihrer Hoheit unterworfenen Gebiet bestehen.

[15] 1804 in Kraft getreten.
[16] 1865 in Kraft getreten.

Abschnitt 2: Der Kongreß ist befugt, diesen Zusatzartikel durch entsprechende Gesetze zur Durchführung zu bringen.

ZUSATZARTIKEL 14[17]

Abschnitt 1: Alle Personen, die in den Vereinigten Staaten geboren oder eingebürgert und ihrer Regierungsgewalt unterworfen sind, sind Bürger der Vereinigten Staaten und des Einzelstaates, in dem sie ihren Wohnsitz haben. Keiner der Einzelstaaten darf Gesetze erlassen oder durchführen, die die Vorrechte oder Freiheiten von Bürgern der Vereinigten Staaten beschränken, und kein Staat darf irgend jemandem Leben, Freiheit oder Eigentum nehmen oder irgend jemandem innerhalb seines Gebietes den gleichen Schutz durch das Gesetz versagen.

Abschnitt 2: Die Abgeordnetensitze werden auf die einzelnen Staaten entsprechend ihrer Einwohnerzahl verteilt, wobei in jedem Staat die Gesamtzahl aller Personen unter Ausschluß der nicht besteuerten Indianer zugrunde gelegt wird. Wenn aber das Wahlrecht bei irgendeiner Wahl zur Bestimmung der Wahlmänner für den Präsidenten und Vizepräsidenten der Vereinigten Staaten, der Abgeordneten im Kongreß, der Verwaltungs- und Justizbeamten eines Einzelstaates oder der Mitglieder seiner gesetzgebenden Körperschaft irgendwelchen männlichen Einwohnern dieses Staates, die über einundzwanzig Jahre alt und Bürger der Vereinigten Staaten sind, abgesprochen oder irgendwie beschränkt wird, es sei denn wegen Teilnahme an einem Aufstand oder wegen eines sonstigen Verbrechens, so wird die Grundzahl für die Vertretung daselbst im Verhältnis zu der Zahl solcher männlicher Bürger zur Gesamtzahl der männlichen Bürger über einundzwanzig Jahre in diesem Staate herabgesetzt.

Abschnitt 3: Niemand darf Senator oder Abgeordneter im Kongreß oder Wahlmann für die Wahl des Präsidenten oder Vizepräsidenten sein, irgendeine Beamtenstelle oder einen militärischen Rang unter der Hoheit der Vereinigten Staaten oder eines Einzelstaates bekleiden, der, nachdem er als Mitglied des Kongresses oder als Beamter der Vereinigten Staaten oder als Mitglied der gesetzgebenden Körperschaft eines der Einzelstaaten oder als Verwaltungs- oder Justizbeamter in einem der Einzelstaaten einen Eid auf seine Mitarbeit an der Durchführung der Verfassung der Vereinigten Staaten geleistet, an einem Aufstand oder Aufruhr gegen sie teilgenommen oder ihren Feinden Hilfe oder Unterstützung gewährt hat. Doch kann der Kongreß mit Zweidrittelmehrheit beider Häuser diese Amtsunfähigkeit aufheben.

Abschnitt 4: Die Rechtsgültigkeit der gesetzlich genehmigten Staatsschulden der Vereinigten Staaten mit Einschluß der Verpflichtungen, die aus der Zahlung von Pensionen und Sonderzuwendungen für Teilnahme an der Unterdrückung von Aufstand und Aufruhr erwachsen sind, darf nicht in Frage gestellt werden. Doch dürfen weder die Vereinigten Staaten noch irgendein Einzelstaat eine Schuld oder Verbindlichkeit übernehmen oder einlösen, die aus der Unterstützung eines Aufstands oder Aufruhrs gegen die Vereinigten Staaten erwachsen sind, oder irgendeinen Ersatzanspruch für den Verlust oder die Freilassung eines Sklaven; vielmehr sind alle derartigen Schulden, Verbindlichkeiten und Ansprüche ungesetzlich und null und nichtig.

Abschnitt 5: Der Kongreß ist befugt, die Bestimmungen dieses Zusatzartikels durch entsprechende Gesetze zur Durchführung zu bringen.

[17] 1868 in Kraft getreten.

ZUSATZARTIKEL 15[18]

Abschnitt 1: Das Wahlrecht der Bürger der Vereinigten Staaten darf von den Vereinigten Staaten oder einem der Einzelstaaten nicht auf Grund der Rassenzugehörigkeit, Hautfarbe oder vormaliger Sklaverei vorenthalten oder eingeschränkt werden.

Abschnitt 2: Der Kongreß ist befugt, diesen Zusatzartikel durch entsprechende Gesetze zur Durchführung zu bringen.

ZUSATZARTIKEL 16[19]

Der Kongreß ist zur Erhebung von Steuern auf Einkommen beliebiger Herkunft ermächtigt, ohne an eine proportionale Aufschlüsselung auf die einzelnen Staaten oder an eine Schätzung oder Volkszählung gebunden zu sein.

ZUSATZARTIKEL 17[20]

Der Senat der Vereinigten Staaten besteht aus je zwei Senatoren von jedem Einzelstaat, die von dessen Bevölkerung auf sechs Jahre gewählt werden. Jeder Senator hat eine Stimme. Die Wähler in jedem Staate müssen den gleichen Bedingungen genügen, die für die Wähler der zahlenmäßig stärksten Kammer des Einzelstaates vorgeschrieben sind.

Wenn in der Vertretung eines Staates im Senat Sitze frei werden, dann schreibt dessen vollziehende Gewalt eine Neuwahl aus, um das erledigte Mandat neu zu besetzen. Es wird vorgesehen, daß die gesetzgebende Körperschaft jedes Einzelstaates dessen Exekutive ermächtigen kann, Ernennungen mit vorläufiger Wirksamkeit vorzunehmen, bis das Volk die freigewordenen Sitze durch Wahlen gemäß den Anweisungen der gesetzgebenden Körperschaften neu besetzt.

Dieser Zusatzartikel darf nicht so ausgelegt werden, daß dadurch die Wahl oder die Amtsperiode eines Senators berührt wird, der bereits gewählt war, noch bevor dieser Zusatzartikel als Teil der Verfassung in Kraft tritt.

ZUSATZARTIKEL 18[21]

Nach Ablauf eines Jahres von der Ratifikation dieses Artikels an ist die Herstellung, der Verkauf oder der Transport für den menschlichen Genuß bestimmter alkoholischer Getränke innerhalb der Vereinigten Staaten, ihre Einfuhr in die oder ihre Ausfuhr aus den Vereinigten Staaten und allen ihrer Hoheit unterstehenden Gebieten hiermit verboten.

Der Kongreß und die Einzelstaaten sind in gleicher Weise befugt, diese Zusatzartikel durch entsprechende Gesetze zur Durchführung zu bringen.

Dieser Zusatzartikel ist unwirksam, wenn er nicht, wie in der Verfassung vorgesehen, durch die gesetzgebenden Körperschaften der Einzelstaaten binnen sieben Jahren, vom Zeitpunkt seiner Übermittlung an die Staaten seitens des Kongresses an gerechnet, als Verfassungszusatz ratifiziert wird.

[18] 1870 in Kraft getreten.
[19] 1913 in Kraft getreten.
[20] 1913 in Kraft getreten.
[21] 1919 in Kraft getreten; 1933 durch den 21. Zusatzartikel wieder aufgehoben.

ZUSATZARTIKEL 19[22]

Das Wahlrecht der Bürger der Vereinigten Staaten darf von den Vereinigten Staaten oder einem Einzelstaat auf Grund des Geschlechts weder versagt noch beschränkt werden.

Der Kongreß ist befugt, die Bestimmungen zu diesem Zusatzartikel durch entsprechende Gesetze zur Durchführung zu bringen.

ZUSATZARTIKEL 20[23]

Abschnitt 1: Die Amtsperiode des Präsidenten und Vizepräsidenten endet am 20. Tage des Monats Januar mittags, und die Amtsdauer der Senatoren und Abgeordneten am 3. Tage des Monats Januar mittags des jeweiligen Jahres, in dem die Amtsdauer geendet hätte, wenn dieser Artikel nicht ratifiziert worden wäre; damit beginnt sodann die Amtsperiode ihrer Nachfolger.

Abschnitt 2: Der Kongreß tritt wenigstens einmal in jedem Jahr zusammen, und zwar beginnt diese Sitzung am 3. Tage des Monats Januar mittags, wenn er nicht durch Gesetz einen anderen Tag bestimmt.

Abschnitt 3: Wenn zu der für den Beginn der Amtsperiode des Präsidenten festgesetzten Zeit der gewählte Präsident verstorben sein sollte, dann wird der gewählte Vizepräsident Präsident. Wenn vor dem für den Beginn der Amtsperiode festgesetzten Zeitpunkt kein Präsident gewählt worden sein sollte oder wenn der gewählte Präsident die Voraussetzungen für die Amtsfähigkeit nicht erfüllt, dann nimmt der gewählte Vizepräsident die Geschäfte des Präsidenten wahr, bis ein amtsfähiger Präsident ermittelt ist. Für den Fall, daß weder ein gewählter Präsident noch ein gewählter Vizepräsident amtsfähig ist, kann der Kongreß durch Gesetz Bestimmungen erlassen und durch sie festlegen, wer dann die Geschäfte des Präsidenten wahrnehmen soll, oder den Modus schaffen, nach dem derjenige, der die Geschäfte wahrnehmen soll, auszuwählen ist. Dieser nimmt daraufhin die Geschäfte wahr, bis ein Präsident oder Vizepräsident ermittelt ist, der die Voraussetzungen der Amtsfähigkeit erfüllt.

Abschnitt 4: Der Kongreß kann durch Gesetz Bestimmungen erlassen für den Fall des Ablebens einer der Personen, aus deren Mitte das Repräsentantenhaus einen Präsidenten wählen kann, wenn ihm das Recht zur Wahl zufällt, sowie für den Fall des Ablebens einer der Personen, aus deren Mitte der Senat einen Vizepräsidenten wählen kann, wenn ihm das Recht zur Wahl zufällt.

Abschnitt 5: Der erste und zweite Abschnitt sollen am 15. Tage des Monats Oktober, der der Ratifikation dieses Artikels folgt, in Kraft treten.

Abschnitt 6: Dieser Zusatzartikel ist unwirksam, wenn er nicht als ein Zusatz zur Verfassung durch die gesetzgebenden Körperschaften von drei Vierteln der Einzelstaaten binnen sieben Jahren, vom Zeitpunkt seiner Übermittlung an gerechnet, als Verfassungszusatz ratifiziert wird.

[22] 1920 in Kraft getreten.
[23] 1935 in Kraft getreten.

ZUSATZARTIKEL 21[24]

Abschnitt 1: Der achtzehnte Zusatzartikel zur Verfassung der Vereinigten Staaten wird hiermit aufgehoben.

Abschnitt 2: Der Transport oder die Einfuhr von alkoholischen Getränken in irgendeinen der Einzelstaaten, ein Territorium oder eine Besitzung der Vereinigten Staaten ist verboten, wenn dies einem dort gültigen Gesetz zuwiderläuft.

Abschnitt 3: Dieser Artikel ist unwirksam, wenn er nicht, wie in der Verfassung vorgesehen, als ein Zusatz zur Verfassung durch die Konvente der Einzelstaaten binnen sieben Jahren, vom Zeitpunkt seiner Übermittlung an die Staaten an gerechnet, ratifiziert wird.

ZUSATZARTIKEL 22[25]

Abschnitt 1: Niemand darf mehr als zweimal in das Amt des Präsidenten gewählt werden; und niemand, der länger als zwei Jahre der Amtszeit, für die ein anderer gewählt worden war, das Amt des Präsidenten innehatte oder dessen Geschäfte vornahm, darf mehr als einmal für das Amt des Präsidenten gewählt werden.

Dieser Zusatzartikel findet jedoch keine Anwendung auf irgend jemand, der das Amt des Präsidenten zu dem Zeitpunkt innehatte, zu dem dieser Zusatzartikel durch den Kongreß vorgeschlagen wurde, und hindert irgend jemand, der das Amt des Präsidenten innehat oder dessen Geschäfte wahrnimmt, während dieser Zusatzartikel Rechtskraft erlangt, nicht daran, für den Rest seiner Amtszeit das Amt des Präsidenten innezuhaben oder dessen Geschäfte wahrzunehmen.

Abschnitt 2: Ratifizierung – Dieser Zusatzartikel erlangt erst Rechtskraft, wenn er innerhalb von sieben Jahren nach seiner Übermittlung durch den Kongreß an die Einzelstaaten durch drei Viertel der Staaten als Zusatzartikel zur Verfassung ratifiziert wird.

[24] 1933 in Kraft getreten.
[25] 1951 in Kraft getreten.

Liste der zitierten amerikanischen Gerichtsentscheidungen

(Table of Cases)

Oberstes Bundesgericht (Supreme Court):

Abate v. United States
359 US 187; 1959
Abrams v. United States
250 US 616; 1919
Adamson v. California
332 US 46; 1947
Adler v. Board of Education
342 US 485; 1952
American Communication Association v. Douds 339 US 382; 1950
Barenblatt v. United States
360 US 109; 1959
Barron v. Baltimore
7 Peters 243; 1833
Barrows v. Jackson
346 US 249; 1953
Brown v. Board of Education
347 US 483; 1954
Carmichael v. Southern Coal and Coke Co.
301 US 495; 1937
Civil Rights Cases
109 US 3; 1883
Commonwealth v. Hunt
4 Metcalf 111; 1842
Cooley v. Board of Wardens
12 How. 299; 1851
Davidson v. New Orleans
96 US 97; 1877
Dennis v. United States
341 US 494; 1951
Dred Scott Case
19 How. 393; 1857
Erie Railroad v. Tompkins
304 US 64; 1938
Ex parte Hennen
12 Pet. 225; 1839
Ex parte Milligan
4 Wallace 2; 1866
Gibbons v. Ogden
9 Wheat. 1; 1824
Gibbons v. United States
8 Wall. 269; 1869
Gilbert v. Minnesota
254 US 325; 1920
Hammer v. Dagenhart
247 US 251; 1918
Hebert v. Louisiana
272 US 312; 1926
Humphrey's Executor v. United States
295 US 602; 1935
Joint Anti Fascist Committee v. McGrath
341 US 123; 1951
Kent v. Dulles
357 US 116; 1958
Marbury v. Madison
1 Cranch 137; 1803
Martino v. Michigan Window Cleaning Co. 327 US 173; 1946
McCulloch v. Maryland
4 Wheat. 316; 1819
McNabb v. United States
318 US 332; 1943
Missouri v. Holland
252 US 416; 1920
Morgan v. Virginia
328 US 373; 1946
Myers v. United States
272 US 52; 1926
National Labor Relations Board v. Jones & Laughlin
301 US 1; 1937
Near v. Minnesota
283 US 697; 1931
Olmstead v. United States
277 US 438; 1928
Osborn v. Ozlin
310 US 53; 1940
Palko v. Connecticut
302 US 319; 1937
Panama Refining Co. v. Ryan
239 US 388; 1935
Pennsylvania v. Nelson
350 US 497; 1955

Die „Bill of Rights“ von Virginia

12. Juni 1776

Eine Erklärung der Rechte, verkündet von den Vertretern der rechtschaffenen Bevölkerung von Virginia, die sich in vollzähliger und freier Versammlung zusammengefunden haben, welche Rechte für sie und ihre Nachkommenschaft als Grundlage und Rechtsquelle ihrer Regierung Geltung besitzen.

Artikel 1: Alle Menschen sind von Natur gleichermaßen frei und unabhängig und besitzen gewisse angeborene Rechte, deren sie ihre Nachkommenschaft bei der Begründung einer politischen Gemeinschaft durch keinerlei Abmachungen berauben oder zwingen können, sich ihrer zu begeben; nämlich das Recht auf Leben und Freiheit und dazu die Möglichkeit, Eigentum zu erwerben und zu behalten und Glück und Sicherheit zu erstreben und zu erlangen.

Artikel 2: Alle Macht ruht im Volke und leitet sich daher von ihm ab; alle Amtspersonen sind seine Treuhänder und Diener und ihm jederzeit verantwortlich.

Artikel 3: Die Regierung ist eingesetzt oder soll eingesetzt werden um des gemeinsamen Wohles, Schutzes und der Sicherheit des Volkes, der Nation oder des Gemeinwesens willen; von all den verschiedenen Regierungen und Regierungsformen ist diejenige die beste, die ein Höchstmaß an Glück und Sicherheit zu bieten vermag und die am wirksamsten gegen die Gefahr des Machtmißbrauches gesichert ist; und wenn irgendeine Regierung sich als dieser Aufgabe nicht gewachsen erweist oder ihr zuwiderhandelt, so soll die Mehrheit der Gemeinschaft ein unleugbares, unveräußerliches und unverletzliches Recht haben, sie zu reformieren, umzugestalten oder zu beseitigen, so wie es für das allgemeine Wohl für am zweckmäßigsten erachtet wird.

Artikel 4: Kein Mensch und keine Gruppe von Menschen hat ein Recht auf alleinige oder besondere Zuwendungen oder Vergünstigungen seitens der Allgemeinheit, es sei denn in Anerkennung von der Allgemeinheit geleisteten Diensten; und so wie diese nicht übertragbar sind, so sollen auch Beamtenstellen und die Ämter von Abgeordneten und Richtern nicht erblich sein.

Artikel 5: Die gesetzgebende und die ausführende Gewalt des Staates sollen von der richterlichen getrennt und klar geschieden sein, und damit die Angehörigen der beiden ersteren vor Machthunger dadurch bewahrt werden, daß sie die Lasten der Bevölkerung ebenfalls zu fühlen bekommen und an ihnen mittragen, sollen sie in regelmäßigen Abständen ins Privatleben zurückkehren, und zwar in diejenige Gemeinschaft, aus der sie ursprünglich kamen. Und die frei gewordenen Stellen sollen durch häufige im voraus bestimmte und regelmäßig stattfindende Wahlen wiederbesetzt werden, bei denen die vormaligen Amtspersonen sämtlich oder zum Teil nach Maßgabe der Gesetze wiedergewählt werden dürfen oder nicht.

Artikel 6: Die Wahlen der Männer, die als Abgeordnete des Volkes in die Volksvertretung entsandt werden, sind frei; alle Männer, die ihr ständiges Interesse an der Gemeinschaft und ihre dauernde Anhänglichkeit an sie hinlänglich unter Beweis gestellt haben, genießen das Wahlrecht und können ohne ihre Einwilligung oder die ihrer so gewählten Vertreter weder zugunsten der öffentlichen Hand besteuert oder enteignet noch irgendeinem Gesetz unterworfen werden, dem sie nicht in gleicher Weise in Ansehung des öffentlichen Wohls zugestimmt haben.

Artikel 7: Die Ausübung irgendeiner Gewalt seitens irgendeiner Behörde, insbesondere der Vollzug oder die Suspendierung von Gesetzen, ohne Zustimmung der Volksvertretung verletzt die Rechte des Volkes und ist daher unstatthaft.

Artikel 8: Bei allen schwerwiegenden Amtsvergehen und in Strafsachen hat jedermann das Recht, Grund und Art der Anklage zu erfahren, Anklägern und Zeugen gegenübergestellt zu werden und Entlastendes vorzubringen, und auf die unverzügliche Durchführung des Verfahrens vor einem unparteiischen Gerichtshof von zwölf Geschworenen aus den Reihen seiner Mitbürger, ohne deren einstimmigen Spruch er nicht für schuldig befunden werden kann; auch kann er nicht gezwungen werden, gegen sich selbst auszusagen; kein Mensch kann seiner Freiheit beraubt werden, außer auf Grund der Landesgesetze oder eines Urteilsspruchs von seinesgleichen.

Artikel 9: Unbillig hohe Bürgschaften dürfen nicht gefordert, übermäßige Geldstrafen nicht auferlegt und grausame und ungewöhnliche Strafen nicht verhängt werden.

Artikel 10: Allgemeine Durchsuchungs- oder Verhaftungsbefehle, durch die ein Beamter oder Beauftragter angewiesen wird, verdächtige Plätze ohne stichhaltige Verdachtsmomente für ein begangenes Unrecht zu durchsuchen oder irgendeine Person oder Personen, die nicht genau bezeichnet sind oder deren angebliches Vergehen nicht unter Angabe der Verdachtsmomente genau bezeichnet wird, zu verhaften, sind unrecht und despotisch und dürfen nicht ausgestellt werden.

Artikel 11: In Vermögensstreitigkeiten und bei Privatklagen ist die alte Prozeßform der Geschworenenverhandlung jeder anderen vorzuziehen und soll unangetastet bleiben.

Artikel 12: Die Pressefreiheit ist eines der stärksten Bollwerke der Freiheit und kann niemals, außer durch despotische Regierungen, eingeschränkt werden.

Artikel 13: Eine wohldisziplinierte Miliz aus den Reihen der Bürgerschaft, die in den Waffen geübt ist, ist der geeignetste, natürliche und sichere Schutz eines freien Landes; stehende Heere sollen in Friedenszeiten als der inneren Freiheit gefährlich nicht unterhalten werden, und das Militär soll unter allen Umständen der Zivilgewalt klar untergeordnet sein und von ihr beherrscht werden.

Artikel 14: Das Volk hat das Recht auf eine einheitliche Regierung. Daher soll keine Regierungsgewalt, die von der Regierung Virginias abgesondert oder unabhängig ist, innerhalb seiner Grenzen errichtet oder eingesetzt werden.

Artikel 15: Eine freie Regierung und die Segnungen der Freiheit können einem Volke nur durch strenges Festhalten an den Idealen der Gerechtigkeit, Mäßigung, Enthaltsamkeit, Bescheidenheit und Tugend und durch ein ständiges Besinnen auf die grundlegenden Prinzipien bewahrt bleiben.

Artikel 16: Religion oder die Ergebenheit, die wir unserem Schöpfer schuldig sind, und die Art, wie wir sie erfüllen, kann lediglich durch Vernunft oder Überzeugung bestimmt werden, nicht durch Zwang oder Gewalt, und deshalb haben alle Menschen einen gleichen Anspruch auf freie Ausübung der Religion nach den Geboten ihres Gewissens. Und alle haben die Pflicht, christliche Vergebung, Liebe und Barmherzigkeit untereinander zu üben.

Die Unabhängigkeitserklärung

4. Juli 1776

Wenn es im Zuge der Menschheitsentwicklung für ein Volk notwendig wird, die politischen Bande zu lösen, die es mit einem anderen Volke verknüpft haben, und unter den Mächten der Erde den selbständigen und gleichberechtigten Rang einzunehmen, zu dem Naturrecht und göttliches Gesetz es berechtigen, so erfordert eine geziemende Rücksichtnahme auf die Meinung der Menschheit, daß es die Gründe darlegt, die es zu der Trennung veranlassen.

Folgende Wahrheiten erachten wir als selbstverständlich: daß alle Menschen gleich geschaffen sind; daß sie von ihrem Schöpfer mit gewissen unveräußerlichen Rechten ausgestattet sind; daß dazu Leben, Freiheit und das Streben nach Glück gehören; daß zur Sicherung dieser Rechte Regierungen unter den Menschen eingesetzt werden, die ihre rechtmäßige Macht aus der Zustimmung der Regierten herleiten; daß, wann immer irgendeine Regierungsform sich als diesen Zielen abträglich erweist, es Recht des Volkes ist, sie zu ändern oder abzuschaffen und eine neue Regierung einzusetzen und diese auf solchen Grundsätzen aufzubauen und ihre Gewalten in der Form zu organisieren, wie es ihm zur Gewährleistung seiner Sicherheit und seines Glückes geboten zu sein scheint. Gewiß gebietet die Weisheit, daß von alters her bestehende Regierungen nicht aus geringfügigen und vorübergehenden Anlässen geändert werden sollten; und demgemäß hat jede Erfahrung gezeigt, daß die Menschen eher geneigt sind, zu dulden, solange die Mißstände noch erträglich sind, als sich unter Beseitigung altgewohnter Formen Recht zu verschaffen. Aber wenn eine lange Reihe von Mißbräuchen und Übergriffen, die stets das gleiche Ziel verfolgen, die Absicht erkennen läßt, sie absolutem Despotismus zu unterwerfen, so ist es ihr Recht und ihre Pflicht, eine solche Regierung zu beseitigen und neue Wächter für ihre künftige Sicherheit zu bestellen.

So haben diese Kolonien geduldig ausgeharrt, und so stehen sie jetzt vor der zwingenden Notwendigkeit, ihre bisherige Regierungsform zu ändern. Die Regierungszeit des gegenwärtigen Königs von Großbritannien ist von unentwegtem Unrecht und ständigen Übergriffen gekennzeichnet, die alle auf die Errichtung einer absoluten Tyrannei über diese Staaten abzielen. Zum Beweise dessen seien der gerecht urteilenden Welt Tatsachen unterbreitet:

Er hat Gesetzen seine Zustimmung verweigert, die für das Wohl der Allgemeinheit äußerst nützlich und notwendig sind.

Er hat seinen Gouverneuren verboten, Gesetze von sofortiger und drängender Wichtigkeit zu erlassen, es sei denn, daß ihr Inkrafttreten bis zur Erlangung seiner Zustimmung suspendiert würde; und wenn sie derart suspendiert waren, unterließ er es vollkommen, sich mit ihnen zu befassen.

Er hat es abgelehnt, andere Gesetze zugunsten großer Bevölkerungskreise zu verabschieden, wenn diese Menschen nicht auf das Recht der Vertretung in der Legislative verzichten wollten, ein für sie unschätzbar wichtiges Recht, das nur Tyrannen furchtbar ist.

Er hat die gesetzgebenden Körperschaften nach ungewöhnlichen und unbequemen Plätzen einberufen, die von dem Aufbewahrungsort ihrer öffentlichen Urkunden und amtlichen Unterlagen weit entfernt lagen, zu dem einzigen Zweck, sie durch Ermüdung zur Unterwerfung unter seine Maßnahmen zu bringen.

Er hat wiederholt Abgeordnetenkammern aufgelöst, weil sie mit männlicher Festigkeit seinen Eingriffen in die Rechte des Volkes entgegengetreten sind.

Er hat sich lange Zeit hindurch geweigert, nach solchen Auflösungen neue Vertretungen wählen zu lassen; dadurch ist die gesetzgeberische Gewalt, die untilgbar ist, an das Volk zurückgefallen, dem es nunmehr freisteht, sie auszuüben; der Staat aber bleibt in der Zwischenzeit allen Gefahren eines Einfalles von außen und Erschütterungen im Innern ausgesetzt.

Er hat sich bemüht, die Besiedlung dieser Staaten zu hemmen; zu diesem Zweck hat er den Vollzug der Einbürgerungsgesetze für Ausländer behindert; sich geweigert, andere Gesetze in Kraft zu setzen, die deren Einwanderung nach hier fördern sollten; und die Bedingungen des Neuerwerbs von Land erschwert.

Er hat die Rechtsprechung hintertrieben, indem er Gesetzen über die Erteilung richterlicher Befugnisse seine Zustimmung versagte.

Er hat Richter hinsichtlich der Amtsdauer und der Höhe und des Zahlungsmodus ihrer Gehälter von seinem Willen abhängig gemacht.

Er hat eine Unzahl neuer Behörden geschaffen und Schwärme von Beamten hierhergesandt, um unser Volk zu drangsalieren und seine Substanz aufzuzehren.

Er hat in Friedenszeiten ohne Zustimmung unserer gesetzgebenden Versammlung auf unserem Boden stehende Heere unterhalten.

Er hat danach gestrebt, das Militär von der Zivilgewalt unabhängig zu machen und es ihr überzuordnen.

Er hat sich mit anderen zusammengetan, um uns eine Form der Rechtsprechung aufzuzwingen, die unserer Verfassung fremd und von unseren Gesetzen nicht anerkannt war; und er hat ihren Maßnahmen einer vorgeblichen Rechtsprechung seine Billigung erteilt:

um starke Kontingente bewaffneter Truppen bei uns zu stationieren;

um diese durch ein Scheingerichtsverfahren vor jeglicher Bestrafung für etwaige Mordtaten zu bewahren, die sie an den Einwohnern dieser Staaten verüben;

um unseren Handel mit allen Teilen der Welt zu unterbinden;

um uns ohne unsere Einwilligung Steuern aufzuerlegen;

um uns in vielen Fällen des Rechtes auf ein ordentliches Verfahren vor einem Geschworenengericht zu berauben;

um uns zur Aburteilung wegen angeblicher Vergehen nach Übersee zu verschleppen;

um in einer Nachbarprovinz das freie Englische Rechtssystem zu beseitigen und dort eine Willkürregierung zu errichten und deren Befugnisse zu erweitern, um sie dadurch gleichzeitig zu einem Präzedenzfall und einem geeigneten Werkzeug für die Einführung der gleichen, absoluten Herrschaft auch in diesen Kolonien zu machen;

um uns unsere Freibriefe zu entziehen, unsere wichtigsten Gesetze aufzuheben und unsere Regierungsform grundlegend zu ändern;

um unsere eigene gesetzgebende Gewalt aufzuheben und sich selbst als mit der unumschränkten gesetzgebenden Gewalt über uns betraut zu erklären.

Er hat seinen Herrschaftsanspruch hier dadurch aufgegeben, daß er uns als außerhalb seines Schutzes stehend erklärte und Krieg gegen uns führte.

Er hat unsere Meere geplündert, unsere Küsten verheert, unsere Städte niedergebrannt und unsere Mitbürger getötet.

Er schafft gerade jetzt große Heere fremder Söldner heran, um das Werk des Todes, der Verheerung und der Tyrannei zu vollenden, das er bereits mit Grausamkeit und Treuebrüchen begonnen hat, die ihresgleichen kaum in den barbarischsten Zeiten finden und des Oberhauptes einer zivilisierten Nation völlig unwürdig sind.

Er hat unsere auf hoher See gefangengenommenen Mitbürger gezwungen, die Waffen gegen ihr Land zu erheben, um zu Henkern an ihren Freunden und Brüdern zu werden oder selbst von deren Händen zu fallen.

Er hat im Innern Aufstände in unserer Mitte angezettelt und versucht, auf unsere Grenzbewohner die erbarmungslosen indianischen Wilden zu hetzen, deren Kriegführung bekanntlich darin besteht, ohne Unterschied des Alters, Geschlechts oder Zustands alles niederzumetzeln.

In jedem Stadium dieser Bedrückung haben wir in der untertänigsten Form um Abhilfe nachgesucht: Unser wiederholtes Bitten ist lediglich durch wiederholtes Unrecht beantwortet worden. Ein Monarch, dessen Charakter durch jede seiner Handlungen in dieser Weise gekennzeichnet wird, die einem Tyrannen zuzutrauen ist, kann nicht geeignet sein, über ein freies Volk zu herrschen.

Wir haben es auch nicht an Aufmerksamkeit gegenüber unseren britischen Brüdern fehlen lassen. Wir haben sie von Fall zu Fall warnend auf die Versuche ihrer Gesetzgeber verwiesen, eine ungerechtfertigte Rechtsgewalt über uns zu erlangen. Wir haben sie an die Umstände gemahnt, unter denen unsere Auswanderung und Ansiedlung erfolgten. Wir haben an ihr natürliches Gerechtigkeitsgefühl und ihre Hochherzigkeit appelliert und sie bei den Banden unserer gemeinsamen Herkunft beschworen, von diesen Übergriffen abzulassen, die unvermeidlich zum Abbruch unserer Verbindungen und Beziehungen führen müßten. Auch sie sind der Stimme der Gerechtigkeit und der Blutsverwandtschaft gegenüber taub geblieben. Wir müssen uns daher mit der notwendigen Folgerung aus unserer Trennung abfinden und sie wie die übrige Menschheit behandeln: als Feinde im Krieg, als Freunde im Frieden.

Daher tun wir, die in einem gemeinsamen Kongreß versammelten Vertreter der Vereinigten Staaten von Amerika, unter Anrufung des Obersten Richters über diese Welt als Zeugen für die Rechtschaffenheit unserer Absichten namens und im Auftrag der anständigen Bevölkerung dieser Kolonien feierlich kund und zu wissen, daß diese Vereinigten Kolonien freie und unabhängige Staaten sind und es von Rechts wegen bleiben sollen; daß sie von jeglicher Treuepflicht gegen die britische Krone entbunden sind, und daß jegliche politische Verbindung zwischen ihnen und dem Staate Großbritannien vollständig gelöst ist und bleiben soll; und daß sie als freie und unabhängige Staaten das Recht haben, Krieg zu führen, Frieden zu schließen, Bündnisse einzugehen, Handel zu treiben und alle anderen Handlungen vorzunehmen und Staatsgeschäfte abzuwickeln, zu denen unabhängige Staaten rechtens befugt sind. Und zur Erhärtung dieser Erklärung verpflichten wir uns gegenseitig feierlich in festem Vertrauen auf den Schutz der göttlichen Vorsehung zum Einsatz unseres Lebens, unseres Gutes und der uns heiligen Ehre.

Die vorstehende Erklärung wurde auf Anweisung des Kongresses als Dokument ausgefertigt und von folgenden Mitgliedern unterzeichnet:

John Hancock.

NEW HAMPSHIRE:

Josiah Bartlett; William Whipple; Matthew Thornton.

MASSACHUSETTS BAY:

Samuel Adams; John Adams; Robert Treat Paine; Elbridge Gerry.

RHODE ISLAND:
Stephen Hopkins; William Ellery.

CONNECTICUT:
Roger Sherman; Samuel Huntington; William Williams; Oliver Wolcott.

NEW YORK:
William Floyd; Philip Livingston; Francis Lewis; Lewis Morris.

NEW JERSEY:
Richard Stockton; John Witherspoon; Francis Hopkinson; John Hart; Abraham Clark.

PENNSYLVANIA:
Robert Morris; Benjamin Rush; Benjamin Franklin; John Morton; George Clymer; James Smith; George Taylor; James Wilson; George Ross.

DELAWARE:
Caesar Rodney; George Read; Thomas M'Kean.

MARYLAND:
Samuel Chase; William Paca; Thomas Stone; Charles Carroll of Carrollton.

VIRGINIA:
George Wythe; Richard Henry Lee; Thomas Jefferson; Benjamin Harrison; Thomas Nelson, Jr.; Francis Lightfoot Lee; Carter Braxton.

NORTH CAROLINA:
William Hooper; Joseph Hewes; John Penn.

SOUTH CAROLINA:
Edward Rutledge; Thomas Heyward, Jr.; Thomas Lynch, Jr.; Arthur Middleton.

GEORGIA:
Button Gwinnett; Lyman Hall; George Walton.

Es wurde beschlossen, daß Abschriften dieser Erklärung an die einzelnen Abgeordnetenkammern, Konvente und Komitees, Sicherheitsausschüsse oder -räte sowie an die einzelnen Befehlshaber der kontinentalen Truppen gesandt werden sollen und daß sie in jedem der Vereinigten Staaten vor der Armee bekanntgegeben werde.

The Federalist Number Ten

An das Volk des Staates New York:

Unter den zahlreichen Vorzügen, die ein gut konstruierter Bundesstaat verspricht, verdient keiner sorgfältiger entwickelt zu werden, als die Tendenz, die Macht von internen Parteigruppen („factions") zu brechen und zu kontrollieren. Niemals ist der Anhänger von Volksregierungen so sehr um ihren Charakter und ihr Schicksal besorgt, als wenn er sich ihre Neigung zu diesem gefährlichen Fehler vorstellt. Er wird es daher nicht unterlassen, jedem Plan, der ein treffendes Heilmittel dafür vorsieht, ohne die Prinzipien zu verletzen, denen er verpflichtet ist, den ihm gebührenden Wert beizumessen. Die Unstabilität, die Ungerechtigkeit und Verwirrung, die in die öffentlichen Versammlungen eingedrungen ist, stellen in der Tat die tödlichen Krankheiten dar, denen die Volksregierungen überall zum Opfer gefallen sind. Ebenso sind sie auch weiterhin die beliebten und fruchtbaren Themen, denen die Gegner der Freiheit ihre blendendsten Deklamationen entlehnen. Die wertvollen Verbesserungen, welche die volkstümlichen Vorstellungen, alte und moderne, durch die amerikanische Verfassung erfahren haben, können sicherlich nicht zu viel bewundert werden; aber es würde eine unentschuldbare Parteilichkeit sein, zu behaupten, daß sie die Gefahr in dieser Hinsicht so wirksam aus dem Wege geräumt haben, wie es gewünscht und erwartet wurde. Man kann überall Beschwerden unserer klügsten und ehrenhaftesten Bürger, die sich sowohl öffentlichen und privaten Vertrauens als auch öffentlicher und privater Unabhängigkeit erfreuen, hören, daß unsere Regierungen zu unstabil seien; daß das Allgemeinwohl im Streit der rivalisierenden Parteien mißachtet werde; daß Maßnahmen nur zu oft nicht nach den Regeln der Gerechtigkeit und nach den Rechten der Minoritätspartei getroffen würden, sondern nach der überlegenen Macht einer daran interessierten und überwältigenden Mehrheit. So sehr wir jedoch auch wünschen, daß diese Beschwerden jeder Grundlage entbehrten, so erlaubt es uns aber die Existenz nachgewiesener und bekannter Tatsachen, nicht zu leugnen, daß diese einigermaßen berechtigt sind. Bei einer aufrichtigen Betrachtung unserer Situation wird man in der Tat feststellen, daß einige Schwierigkeiten, mit denen wir es zu tun haben, irrtümlicherweise der Tätigkeit unserer Regierung zur Last gelegt wurden; aber man wird zur gleichen Zeit feststellen, daß nicht nur andere Ursachen viele unserer schwersten Mißgeschicke verschulden, besonders für das vorherrschende und anwachsende Mißtrauen gegenüber öffentlichen Versprechungen und für die Sorge um die Grundrechte, die ihren Widerhall von einer Seite des Kontinents zur anderen finden. Dies müssen hauptsächlich, wenn nicht gänzlich, die Auswirkungen der Unbeständigkeit und der Ungerechtigkeit sein, die unsere öffentlichen Verwaltungen mit einem parteisüchtigen Geist angesteckt haben.

Unter einer internen Parteigruppe verstehe ich eine Gruppe von Bürgern, gleichgültig, ob sie zur Mehrheit oder Minderheit gehört, die von einem gemeinsamen Impuls der Leidenschaft oder eines Interesses vereinigt und angetrieben ist, die sich gegen die Rechte anderer Bürger oder gegen die immer währenden Gesamtinteressen der Gemeinschaft richtet.

Es gibt zwei Methoden, das Unheil, das durch interne Parteigruppen entsteht, zu beseitigen. Die eine besteht darin, daß man ihre Ursachen beseitigt; die andere, indem man ihre Auswirkungen kontrolliert.

Es gibt wiederum zwei Methoden, die Ursachen von internen Parteigruppen zu beseitigen; die eine besteht darin, daß man die Freiheit, die für ihre Erhaltung lebenswichtig ist, vernichtet; die andere, indem, daß man jeden Bürger dazu bringt, die gleichen Meinungen, die gleichen Leidenschaften und die gleichen Interessen zu haben.

Es kann niemals überzeugender gesagt werden, daß das erste Heilmittel schlimmer als die Krankheit selbst ist. Freiheit ist für die interne Parteigruppe das gleiche, was die Luft dem Feuer bedeutet, die Nahrung, ohne die es sogleich ausgeht. Aber es wäre eine große Torheit, die Freiheit, die für das politische Leben lebenswichtig ist, abzuschaffen, nur weil sie die interne Parteigruppe am Leben erhält, wie die Beseitigung der Luft, die für das tierische Leben unabdingbar ist, zu wünschen, nur weil sie dem Feuer seine vernichtende Wirkung verleiht.

Der zweite Ausweg ist genau so undurchführbar, wie der erste unklug wäre. Solange wie die Vernunft der Menschen fehlbar bleibt und er die Freiheit hat, sie auszuüben, solange wird es unterschiedliche Meinungen geben. Solange wie die Verbindung zwischen seiner Vernunft und seiner Eigenliebe besteht, solange werden seine Meinungen und Leidenschaften sich gegenseitig beeinflussen; und den ersteren werden sich die letzteren anschließen. Die Unterschiede zwischen den menschlichen Fähigkeiten, die die Eigentumsrechte begründen, sind ein nicht weniger unüberwindliches Hindernis für die Einheitlichkeit der Meinungen. Der Schutz dieser Fähigkeiten ist das erste Ziel der Regierung. Durch den Schutz verschiedener und ungleicher Talente, Eigentum zu erwerben, entsteht sofort Besitz in verschiedener Form und Größe. Der Einfluß, den diese Entwicklung auf die Gefühle und Anschauungen der betreffenden Eigentümer hat, ergibt eine Teilung der Gesellschaft in verschiedene Interessen und Parteien.

Die verborgenen Gründe der internen Parteigruppierung sind so in die Natur des Menschen gelegt; und wir sehen sie überall, je nach den unterschiedlichen Verhältnissen der menschlichen Gesellschaft in verschiedener Wirksamkeit. Die Begeisterung für unterschiedliche religiöse Meinungen, hinsichtlich der Regierung und für viele andere Punkte, sowohl in der Theorie als auch in der Praxis; die Anhänglichkeit an verschiedene Führer, die ehrgeizig um die Vorherrschaft und Macht kämpfen, oder an andere Personen, an deren Schicksal die menschlichen Leidenschaften interessiert waren; all dies hat die Menschheit nach und nach in Parteien geteilt, sie mit gegenseitiger Feindschaft entflammt und sie vielmehr geneigt gemacht, sich gegenseitig mit Kleinigkeiten zu quälen und einander zu unterdrücken, anstatt für das Allgemeinwohl zusammenzuarbeiten. Die Neigungen der Menschheit, in gegenseitige Feindschaft zu verfallen, ist so stark, daß dort, wo sich keine echte Gelegenheit von selbst anbietet, die frivolsten und phantasievollsten Unterschiede genügen, um ihre unfreundlichen Leidenschaften zu erregen und die gewaltigsten Konflikte zu veranlassen. Aber die häufigste und dauerhafteste Quelle für interne Parteigruppen ist die verschiedene und ungleiche Verteilung des Eigentums gewesen. Seit jeher haben jene, die Eigentum besitzen, und Eigentumslose bestimmte Interessen in der Gesellschaft vertreten. Für das Verhältnis zwischen Gläubiger und Schuldner gilt das gleiche. Grundbesitz, Industrie, Handel und Banken: alle deren Interessen gedeihen neben unbedeutenderen Rechten mit Notwendigkeit in zivilisierten Nationen nebeneinander und spalten sie in verschiedene Klassen, die von verschiedenen Gefühlen und Ansichten angetrieben werden. Die Regulierung dieser verschiedenen und sich gegenseitig beeinflussenden Interessen bildet die Hauptaufgabe der modernen Gesetzgebung und schließt den Geist von Parteien und internen Parteigruppen in den notwendigen und üblichen Handlungen der Regierung mit ein.

Keinem Menschen ist es gestattet, Richter in seiner eigenen Angelegenheit zu sein, da mit Sicherheit sein eigenes Interesse sein Urteil, und – was nicht unwahrscheinlich ist – seine Rechtschaffenheit korrumpieren wird. Mit gleicher, nein sogar mit größerer Berechtigung ist eine menschliche Körperschaft unfähig, Richter und Partei zu gleicher Zeit zu sein.

Und doch, wieviele der wichtigsten Gesetzgebungsakte und wieviele juristische Entscheidungen betreffen nicht nur die Rechte eines einzelnen, sondern die Rechte großer Gruppen. Und was sind die verschiedenen Klassen von Gesetzgebern anderes als Anwalt und Partei in den Angelegenheiten, die sie selbst entscheiden? Wird ein Gesetz bezüglich privater Schulden vorgeschlagen? Das ist eine Frage, in welcher die Gläubiger Partei auf der einen, die Schuldner Partei auf der anderen Seite sind. Die Gerechtigkeit sollte das Gleichgewicht zwischen beiden halten. Dennoch sind die Parteien – und müssen es sein – selbst die Richter, und man erwartet, daß die stärkste Partei oder, in anderen Worten, die mächtigste interne Parteigruppe die Oberhand gewinnt. Soll man die inländischen Erzeugnisse durch Beschränkung ausländischer fördern und in welchem Ausmaß? Diese Fragen würden von den Grundbesitzern anders entschieden werden als von den Kaufleuten und wahrscheinlich von keiner Seite mit alleiniger Berücksichtigung der Gerechtigkeit und des Allgemeinwohls. Die Verteilung der Steuern auf die verschiedenen Eigentumsarten ist ein Vorgang, der die größte Unparteilichkeit zu verlangen scheint. Dennoch gibt es vielleicht keinen Gesetzgebungsakt, in welchem der vorherrschenden Partei eine günstigere Gelegenheit und Versuchung gegeben ist, auf den Regeln der Gerechtigkeit herumzutrampeln. Jeder Shilling, mit dem sie die Minderheit belastet, ist ein Shilling, den sie ihrem eigenen Geldbeutel erspart.

Es ist vergeblich, zu sagen, daß aufgeklärte Staatsmänner in der Lage sein werden, diese zusammenprallenden Interessen richtig zu regeln und sie dazu zu bringen, daß sie dem Allgemeinwohl förderlich sind. Weder werden aufgeklärte Staatsmänner immer an der Spitze stehen, noch kann in vielen Fällen eine solche Regelung überhaupt ohne Berücksichtigung indirekter und entfernter liegender Erwägungen erfolgen, die selten über das zunächstliegende Interesse vorherrschen werden, welches eine Partei unter Außerachtlassung der Rechte einer anderen oder des Allgemeinwohls vorfinden mag.

Die Schlußfolgerung, zu der wir gelangen, ist die, daß die Ursachen der internen Parteigruppe nicht beseitigt werden können und daß Hilfe dagegen nur durch die Kontrolle ihrer Auswirkungen erreicht werden kann.

Besteht eine interne Parteigruppe aus einer Minderheit, so schafft das republikanische Prinzip Abhilfe, das die Mehrheit in die Lage versetzt, ihre unheilvolle Absicht durch eine gewöhnliche Abstimmung zu besiegen. Sie mag die Verwaltung belasten, sie mag die Gesellschaft erschüttern; aber sie wird unfähig sein, ihre Gewalttätigkeit unter den Bestimmungen der Verfassung auszuführen und zu verbergen. Bildet die interne Parteigruppe die Mehrheit, so ermöglicht es ihr auf der einen Seite die Form der Volksregierung, die Rechte anderer Bürger der eigenen Herrscherleidenschaft oder dem eigenen Interesse zu opfern. Das große Ziel, auf welches unsere Untersuchungen gerichtet sind, besteht darin, das Allgemeinwohl und die privaten Rechte gegen die Gefahr einer derartigen internen Parteigruppe zu schützen, gleichzeitig aber den Geist und die Form einer Volksregierung zu bewahren. Lassen Sie mich hinzufügen, daß dieses Ziel der erwünschte Zustand ist, durch welchen diese Regierungsform vor der Schande bewahrt, unter der sie solange arbeitete, und in dem sie der Achtung und der Annahme durch die Menschheit empfohlen werden kann.

Mit welchen Mitteln ist dieses Ziel erreichbar? Augenscheinlich ist nur eine von zwei Möglichkeiten durchführbar. Entweder muß das Auftreten einer Leidenschaft oder eines gleichgerichteten Interesses dazu noch in einer Mehrheit verhindert werden, oder die Mehrheit, die gleichzeitig solche existierenden Leidenschaften oder Interessen verfolgt, muß dahin gebracht werden, daß sie durch ihre Zahl und die örtliche Lage nicht in der Lage sein wird, Unterdrückungspläne zu entwerfen und durchzuführen. Läßt man es zu, daß Vorhaben und die günstige Gelegenheit zusammentreffen, so wissen wir sehr gut, daß man sich weder auf moralische noch religiöse Beweggründe als einer entsprechenden Kontrolle verlassen kann. Für die Ungerechtigkeit und die Gewalt von Individuen gibt es moralische und religiöse Beweggründe nicht, und sie verlieren ihre Wirksamkeit im Verhältnis zur Zahl, in der sie zusammen auftreten, d. h. im Verhältnis wie ihre Wirksamkeit notwendig wird.

Von diesem Punkt der Betrachtung unseres Themas aus könnte man zu der Folgerung kommen, daß eine direkte Demokratie – hierunter verstehe ich eine Gesellschaft, die aus einer kleinen Gruppe von Bürgern besteht, die sich versammelt und selbst die Regierung führt – überhaupt keine Beseitigung einer internen Parteigruppe zulassen darf. Ein gemeinsames Vorhaben wird, in nahezu jedem Falle, von der Mehrheit des Ganzen empfunden werden; Bindung und Zusammenarbeit beruhen auf der Regierungsform, und es gibt nichts, um die Versuchung zurückzuhalten, die schwächere Partei oder ein unterworfenes Individuum zu opfern. Daher kommt es, daß solche Demokratien seit jeher der Schauplatz von Unruhe und Streit gewesen sind; daß sie unvereinbar waren mit persönlicher Sicherheit oder den Eigentumsrechten, daß sie im allgemeinen so kurzlebig wie sie gewaltsam in ihrem Ende waren. Politische Theoretiker, welche diese Regierungsform vorziehen, haben irrigerweise angenommen, daß, wenn man die Menschen zur völligen Gleichheit hinsichtlich ihrer politischen Rechte bringt, sie gleichzeitig in ihrem Eigentum, Meinungen und ihren Leidenschaften vollkommen gleich und ähnlich werden.

Eine Republik, unter der ich einen Staat verstehe, in dem das Repräsentativprinzip herrscht, eröffnet einen anderen Ausweg und verspricht die Heilung, nach der wir suchen. Lassen Sie mich die Punkte prüfen, in denen sie sich von der reinen Demokratie unterscheidet, und wir werden beides verstehen, die Art der Abhilfe und die Wirksamkeit, die sich aus der Form des Bundesstaates herleiten muß.

Die zwei großen Unterscheidungspunkte zwischen einer Demokratie und einer Republik sind: erstens bei der Republik die Delegation der Regierungsgewalt an eine kleine Anzahl von Bürgern, die durch die übrigen gewählt wird; zweitens die größere Zahl der Bürger und die größere Fläche des Landes, über die sich die Republik ausdehnen mag.

Die Wirkung des ersteren Unterschiedes ist auf der einen Seite, die öffentlichen Meinungen zu läutern und zu verbreiten, indem man sie durch das Medium einer gewählten Körperschaft von Bürgern gehen läßt, deren Weisheit am ehesten das wirkliche Interesse ihres Landes wahrnimmt und deren Patriotismus und Gerechtigkeitsliebe am wenigsten geneigt sind, diese zeitweiligen und parteilichen Erwägungen zu opfern. Bei einer derartigen Regelung kann es vorkommen, daß die Stimme des Volkes, die durch die Volksvertretung ausgedrückt wird, dienlicher für das Allgemeinwohl ist als diejenige, die durch das Volk, das nur zu diesem Zweck zusammengekommen ist, direkt laut wird.

Auf der anderen Seite kann die Wirkung umgekehrt sein. Männer mit parteisüchtigem Charakter, mit örtlichen Vorurteilen oder mit dunklen Absichten, können durch Intrigen, durch Korruption oder durch andere Mittel zunächst die Wählerstimmen erhalten und dann die Interessen des Volkes verraten. Die Frage, die sich hieraus ergibt, ist die, ob kleinere oder größere Republiken günstiger für die Wahl von geeigneten Hütern des Gemeinwohls sind. Diese Frage ist klar zugunsten der letzteren von den zwei vorhandenen Möglichkeiten entschieden worden: Zunächst ist zu bemerken, daß, so klein die Republik sein mag, eine bestimmte Anzahl von Volksvertretern aufgestellt sein muß, um gegen die Intrigen einiger weniger gewappnet zu sein; und daß, so groß sie sein mag, sie auf eine bestimmte Anzahl beschränkt bleiben muß zum Schutze vor der Verwirrung durch eine große Menge. Aus der Tatsache – daß die Zahl der Volksvertreter in den zwei Fällen nicht im Verhältnis zu den zwei Wählerschaften steht und verhältnismäßig größer in der kleinen Republik ist – folgt, wenn das Verhältnis von geeigneten Charakteren in der größeren nicht geringer als in der kleinen Republik ist, daß die erstere eine größere Wahl und konsequentermaßen eine größere Auswahlmöglichkeit bietet.

Zum anderen wird, da jeder Volksvertreter in der großen Republik durch eine größere Anzahl von Bürgern gewählt wird als in einer kleinen, es für unwürdige Kandidaten schwierig sein, die verwerflichen Methoden, mit denen Wahlen nur allzu oft durchgeführt werden, mit Erfolg anzuwenden. Da das Wahlrecht des Volkes freier sein wird, besteht größere Aussicht darauf daß man sich auf Menschen konzentriert, welche die größten Verdienste und die aufgeschlossensten und gefestigsten Charaktere aufweisen.

Man muß bekennen, daß es in diesem, wie in den meisten anderen Fällen, einen Weg gibt, der auf beiden Seiten Schwierigkeiten aufweist. Wird die Zahl der Wähler zu sehr erhöht, so kann der Volksvertreter zu wenig mit allen ihren örtlichen Verhältnissen und weniger wichtigen Interessen bekanntwerden; verkleinert man sie zu sehr, so wird er unverhältnismäßig an diese gebunden und zu wenig in der Lage sein, große und nationale Aufgaben zu verstehen und zu verfolgen. Die Bundesverfassung stellt in dieser Beziehung eine glückliche Kombination dar; die großen und stärksten Interessen werden dem nationalen Gesetzgeber, die örtlichen und besonderen Interessen den einzelstaatlichen Gesetzgebern zugewiesen.

Der andere Unterschied besteht in der größeren Anzahl von Bürgern und dem größeren Ausmaß des Gebietes, die man eher im Bereich einer republikanischen als in dem einer demokratischen Regierung umfassen kann. Dies ist auch der Umstand, der prinzipiell die Kombination interner Parteigruppen weniger in der größeren als in der kleineren Republik befürchten läßt. Je kleiner die Gesellschaft ist, desto weniger ist die Möglichkeit für das Bestehen unterschiedlicher Parteien und Interessen gegeben. Je weniger es unterschiedliche Parteien und Interessen gibt, desto häufiger wird sich eine Mehrheit der gleichen Partei bilden. Je kleiner aber die Zahl derjenigen ist, welche die Mehrheit bilden, um so kleiner der ihnen zugewiesene Bereich ist, um so leichter werden sie zusammenarbeiten und ihre Unterdrückungspläne ausführen. Vergrößert man den Wirkungsbereich, so bekommt man eine größere Anzahl von Parteien und Interessen; und es besteht eine geringere Möglichkeit dafür, daß die Mehrheit aller einen gemeinsamen Beweggrund haben wird, die Rechte anderer Bürger anzutasten. Existiert jedoch ein solcher Beweggrund, so wird es für alle diejenigen, die ihn wahrnehmen, schwieriger sein, ihre eigene Stärke zu entdecken und gemeinsam zu handeln. Neben anderen Hindernissen mag bemerkt werden, daß dort, wo ein Bewußtsein für unrechte und schmähliche Vorhaben vorhanden ist, die Zusammenarbeit immer durch das Mißtrauen gehemmt werden wird, das im Verhältnis zur Zahl derjenigen, deren Übereinstimmung notwendig ist, steht.

Hieraus folgt sehr deutlich, daß den gleichen Vorteil, den eine Republik in der Kontrolle der Auswirkung einer internen Parteigruppe über eine Demokratie hat, auch die große Republik gegenüber der kleinen – und auch der Bundesstaat gegenüber den Einzelstaaten, die ihn bilden, besitzt. Besteht der Vorteil in der Einsetzung von Volksvertretern, deren aufgeklärte Ansichten und virtuose Feinfühligkeit sie über die örtlichen Vorurteile und ungerechten Vorhaben erhaben machen? Es soll nicht geleugnet werden, daß die Volksvertretung des Bundesstaates mit größter Wahrscheinlichkeit diese erforderlichen Gaben besitzen wird. Besteht er in der größeren Sicherheit, die durch eine größere Anzahl von Parteien gewährleistet wird, gegenüber der Möglichkeit, daß irgendeine Partei in der Lage ist, die anderen zu überflügeln und den Rest zu unterdrücken? Im gleichen Maße gewährt die vermehrte Anzahl von Parteien, die sich im Bundesstaat zusammenfinden, diese Sicherheit. Besteht er letzten Endes in den größeren Hindernissen, die der Zusammenarbeit und Vollendung der geheimen Wünsche einer ungerechten und interessierten Mehrheit entgegenstehen? Hier gewährt wiederum die Größe des Bundesstaates den greifbaren Vorteil.

Der Einfluß der Führer mag die Flamme innerhalb ihrer einzelnen Staaten entfachen, aber er wird nicht in der Lage sein, einen allgemeinen Brand nach den anderen Staaten auszubreiten. Eine religiöse Sekte kann zur politischen Parteigruppe in einem Teil des Bundes degenerieren; aber die Zahl der über die ganze Union zerstreuten Sekten muß die nationalen Versammlungen gegen jede Gefahr aus dieser Quelle schützen. Ein Aufstand für Papiergeld, für die Abschaffung der Schulden, für eine gleiche Eigentumsverteilung oder für ein anderes unsittliches oder gottloses Objekt ist weniger geeignet, den ganzen Bundesstaat zu verderben, als irgendeins seiner Mitglieder; genau so wie die gleiche Krankheit wahrscheinlicher eine besondere Landschaft oder einen Distrikt als einen ganzen Staat anstecken kann.

In der Größe und der angemessenen Bundesstaatsstruktur erblicken wir daher ein republikanisches Heilmittel gegen diese den republikanischen Regierungen zumeist anhaftenden Krankheiten. Nach dem Grad der Treue und des Stolzes, den wir als Republikaner empfinden, sollte es unser Ziel sein, den Geist und den Charakter der Föderalisten zu fördern und zu unterstützen.

Marbury v. Madison

Auszug aus der von Chief Justice Marshall verfaßten Begründung der Entscheidung des Obersten Gerichtshofs (1 Cranch 137) aus dem Jahre 1803

In der Reihenfolge, in der das Gericht diese Angelegenheit geprüft hat, sind folgende Fragen behandelt und entschieden worden:

1) Hat der Antragsteller ein Recht auf die Ernennungsurkunde, die er verlangt?
2) Wenn er ein Recht darauf hat und dieses verletzt wurde, sehen die Gesetze seines Staates ein Rechtsmittel vor?
3) Wenn sie ein Rechtsmittel vorsehen, kann es ein Beschluß dieses Gerichts sein?

Der erste Untersuchungspunkt ist:

Hat der Antragsteller ein Recht auf die Ernennungsurkunde, die er verlangt? . . .

Es ist die entschiedene Auffassung des Gerichts, daß die Bestallung vollzogen ist, sobald der Präsident die Ernennungsurkunde unterzeichnet hat, und daß die Ernennung vollständig ist, wenn das Siegel der Vereinigten Staaten durch den Staatssekretär aufgedrückt ist ...

Mr. Marbury war, da seine Vollmacht durch den Präsidenten unterzeichnet und mit dem Siegel des Staatssekretärs versehen war, daher ernannt; und da das Gesetz, welches das Amt schuf, dem Amtsinhaber ein Recht darauf gab, es für fünf Jahre unabhängig von der Exekutive innezuhaben, war die Ernennung unwiderrufbar und gehörte zu den Rechten des Amtsinhabers, die durch die Gesetze seines Landes geschützt sind.

Seine Bevollmächtigung zurückzuhalten, ist daher ein Akt, den das Gericht als nicht durch das Gesetz gerechtfertigt ansieht, sondern der ein verliehenes Recht verletzt.

Dies bringt uns zur zweiten Untersuchung, nämlich:

Wenn er ein Recht darauf hat und dieses verletzt wurde, bieten die Gesetze seines Staates ihm ein Rechtsmittel?

Die Regierung der Vereinigten Staaten ist mit Nachdruck eine Regierung der Gesetze und nicht der Menschen genannt worden. Sie wird mit Sicherheit aufhören, diesen hohen Namen zu verdienen, wenn die Gesetze kein Mittel für die Durchsetzung eines begründeten Rechtsanspruches vorsehen.

Der Präsident ist nach der Verfassung der Vereinigten Staaten mit gewissen wichtigen politischen Machtmitteln ausgestattet, bei deren Ausübung er nach eigenem Gutdünken verfahren kann; er ist dabei nur seinem Lande hinsichtlich des politischen Charakters und seinem Gewissen verantwortlich. Um ihm bei der Erfüllung dieser Pflichten zu helfen, ist er berechtigt, gewisse Beamte zu ernennen, die in seinem Namen und in Übereinstimmung mit seinen Befehlen handeln.

In solchen Fällen sind ihre Handlungen seine Handlungen; und was man auch für eine Auffassung über die Art und Weise, in der die Exekutive das Ermessen gebraucht, vertritt, eine Gewalt, dieses Ermessen zu kontrollieren, gibt es nicht und kann es nicht geben. Die Schlußfolgerung dieser Argumentation ist, daß dort, wo die Spitzen der Ministerien die politischen oder persönlichen Vertrauensbeauftragten der Exekutive sind, die nur den Willen des Präsidenten ausführen oder in Fällen handeln, in denen die Exekutive ein verfassungsmäßiges oder legales Ermessen besitzt, nichts klarer sein kann, als daß ihre Handlungen nur politisch nachprüfbar sind. Aber dort, wo eine bestimmte Pflicht durch Gesetz zugewiesen ist und individuelle Rechte von der Erfüllung dieser Pflicht abhängen, scheint es gleichermaßen klar, daß die Person, die sich beeinträchtigt glaubt, ein Recht hat, in den Gesetzen ihres Landes ein Heilmittel zu suchen ...

Daher ist es die Meinung des Gerichts:

1. daß der Präsident durch die Unterzeichnung der Ernennungsurkunde für Mr. Marbury seine Bestallung zum Friedensrichter für den Kreis Washington im Distrikt Columbia vollzogen hat; daß das Siegel der Vereinigten Staaten, mit dem sie durch den Staatssekretär versehen wurde, der entscheidende Beweis der Echtheit der Unterschrift und der Vollziehung der Bestallung ist; und daß die Bestallung ihm einen Rechtsanspruch auf das Amt für den Zeitraum von fünf Jahren übertrug;

2. daß er – im Besitze dieses Rechtstitels – konsequentermaßen einen Anspruch auf die Ernennungsurkunde hatte; eine Verweigerung ihrer Auslieferung ist eine offene Verletzung jenes Anspruches, für den ihm die Gesetze seines Landes ein Rechtsmittel bieten ...

Das ist daher ein klarer Fall für einen Gerichtsbeschluß, entweder die Ernennungsurkunde oder eine Abschrift des Originals auszuliefern. Es bleibt nur zu untersuchen, ob dieser Beschluß durch dieses Gericht gefaßt werden kann.

Das Gerichtsverfassungsgesetz der Vereinigten Staaten ermächtigt das Oberste Gericht:

„Gerichtsbeschlüsse, in den Fällen, die durch die Prinzipien und die Gebräuche des Rechts gewährleistet sind, für alle Gerichtshöfe oder Amtspersonen, die unter die Zuständigkeit der Vereinigten Staaten fallen, zu erlassen."

Weil der Staatssekretär ein Amt unter der Zuständigkeit der Vereinigten Staaten innehat, fällt er eindeutig unter diese Bestimmung. Falls das Gericht nicht zur Fassung eines Beschlusses über einen solchen Beamten ermächtigt wäre, so könnte das nur sein, weil das Gesetz verfassungswidrig und daher absolut ungeeignet zur Übertragung der Autorität und Bezeichnung der Pflichten wäre, die seine Worte „übertragen und bezeichnen" zum Inhalt haben.

Die Verfassung vertraut die gesamte richterliche Gewalt der Vereinigten Staaten einem Obersten Gerichtshof an und solchen untergeordneten Gerichtshöfen, welche der Kongreß von Zeit zu Zeit anordnen und errichten kann. Diese Zuständigkeit erstreckt sich ausdrücklich auf alle unter den Gesetzen der Vereinigten Staaten entstehenden Rechtsfälle und kann in gewisser Form hinsichtlich des vorliegenden Falles angewandt werden, da der geforderte Anspruch durch ein Gesetz der Vereinigten Staaten verliehen wurde.

In der Aufteilung der Zuständigkeiten wird erklärt:

„daß der Oberste Gerichtshof in allen Fällen, die Botschafter, andere Gesandte und Konsuln betreffen, und die einen Einzelstaat betreffen, die ursprüngliche Gerichtsbarkeit ausübt. In allen anderen Fällen soll der Oberste Gerichtshof Berufungsinstanz sein."

Man hat vor Gericht darauf bestanden, da die ursprüngliche Zuweisung der Jurisdiktion an das Oberste und die nachgeordneten Gerichte allgemein gehalten sei und die Bestimmung, welche die ursprüngliche Jurisdiktion an den Obersten Gerichtshof zuweist, keine negativen oder beschränkenden Worte enthalte, daß der Legislative die Macht verbliebe, ursprüngliche Jurisdiktion an das Gericht in anderen als in den zitierten Artikeln aufgeführten Fällen zuzuweisen, vorausgesetzt, daß jene Fälle der richterlichen Gewalt der Vereinigten Staaten unterliegen.

Wenn beabsichtigt gewesen wäre, die gleichmäßige Verteilung der richterlichen Gewalt zwischen dem Obersten Gerichtshof und den untergeordneten Gerichten dem Ermessen der Legislative – je nach dem Willen dieser Körperschaft – zu überlassen, so wäre es sicherlich nutzlos gewesen, weitergegangen zu sein, als nur die richterliche Gewalt und die Tribunale, die damit betraut werden sollten, zu definieren. Der folgende Teil des Absatzes wäre völlig überflüssig – wäre völlig ohne Sinn –, wenn er eine solche Bedeutung hätte. Wenn es dem Kongreß freisteht, diesem Gericht Berufungsjurisdiktion zu geben, wo die Verfassung vorsieht, daß dessen Gerichtsbarkeit ursprünglichen Charakters sein soll, und ursprüngliche Gerichtsbarkeit dort, wo die Verfassung vorsieht, es soll Berufungsinstanz sein, so ist die Verteilung der Gerichtsbarkeit, wie sie in der Verfassung erfolgte, Form ohne Inhalt.

Zustimmende Worte sind oft in ihrer Ausführung negativ zu anderen Dingen als zu denen, denen zugestimmt wird; und in diesem Fall muß ihnen ein negativer oder ausschließender Sinn gegeben werden, oder sie haben überhaupt keine Auswirkung.

Man kann nicht annehmen, daß irgendeine Verfassungsklausel ohne Wirkung vorgesehen ist; daher ist eine solche Konstruktion unzulässig, wenn es nicht die Worte verlangen ...

Es erscheint daher, daß die dem Obersten Gerichtshof durch das Gerichtsverfassungsgesetz der Vereinigten Staaten gegebene Zuständigkeit zur Fassung von Gerichtsbeschlüssen über öffentliche Beamte, nicht durch die Verfassung gerechtfertigt ist. Es wird daher notwendig, zu untersuchen, ob eine so übertragene Gerichtsbarkeit angewandt werden kann.

Die Frage, ob ein Gesetz, das mit der Verfassung unvereinbar ist, oberstes Recht werden kann, ist für die Vereinigten Staaten von großem Interesse, aber glücklicherweise im Verhältnis zum Interesse eine nicht so schwierige. Es scheint nur notwendig zu sein, gewisse Prinzipien anzuerkennen, von denen man annimmt, daß sie lange und gut begründet sind, um zu entscheiden.

Daß das Volk ein ursprüngliches Recht darauf hat, für seine zukünftige Regierung solche Prinzipien aufzustellen, die, nach seiner Meinung, am besten zu seinem eigenen Glück führen werden, ist die Grundlage, auf der das ganze amerikanische Regierungssystem errichtet worden ist. Die Ausübung dieses ursprünglichen Rechts stellt eine sehr große Anstrengung dar; sie kann nicht und sollte auch nicht zu häufig wiederholt werden. Die Prinzipien, die daher so begründet sind, werden als fundamental erachtet. Und da die Autorität, der sie ihren Ursprung verdanken, die oberste ist und selten handeln kann, so sind sie bestimmt, dauernd zu gelten.

Dieser ursprüngliche und oberste Wille organisiert die Regierung und weist den verschiedenen Ministerien ihre entsprechenden Befugnisse zu. Er kann entweder an diesem Punkt aufhören oder gewisse Grenzen errichten, die von den Ministerien nicht überschritten werden dürfen.

Letzteres trifft auf die Regierung der Vereinigten Staaten zu. Die Befugnisse der Legislative sind genau bezeichnet und begrenzt; und damit jene Grenzen nicht mißverstanden oder nicht vergessen werden, ist die Verfassung geschrieben worden. Zu welchem Zweck sind die Befugnisse begrenzt, und warum ist diese Begrenzung schriftlich niedergelegt, wenn sie zu jeder Zeit durch jene, die man zurückhalten wollte, überschritten werden können? Die Unterscheidung zwischen einer Regierung mit begrenzter und mit unbegrenzter Gewalt ist damit abgeschafft, wenn jene Begrenzungen nicht die Personen einschränken, denen sie aufgezwungen sind; wenn verbotene und erlaubte Handlungen gleich gültig sind. Es ist eine zu offenkundige Behauptung, daß entweder die Verfassung jeden Gesetzgebungsakt, der mit ihr im Widerspruch steht, verbietet, oder daß die gesetzgebende Körperschaft die Verfassung durch ein einfaches Gesetz ändern kann, als daß man darüber streiten könnte.

Zwischen diesen zwei Alternativen gibt es keinen Mittelweg. Die Verfassung ist entweder oberstes Gesetz, das auf gewöhnlichem Wege nicht abgeändert werden kann, oder sie steht mit gewöhnlichen Gesetzgebungsakten auf gleicher Stufe und ist, wie andere Gesetze, abzuändern, wenn es der gesetzgebenden Körperschaft gefallen sollte.

Wenn der erstere Teil der Alternative wahr ist, dann ist ein verfassungswidriges Gesetz kein Recht; wenn der letztere Teil wahr ist, dann sind geschriebene Verfassungen absurde Versuche seitens des Volkes, eine Gewalt zu begrenzen, die ihrer Natur nach unbegrenzbar ist.

Sicherlich beabsichtigen diejenigen, die geschriebene Verfassungen formulierten, sie als das grundlegende und höchste Recht der Nation anzusehen, und konsequentermaßen muß es die Theorie einer solchen Regierung sein, daß ein verfassungswidriges Gesetz der Legislative ungültig ist.

Diese Theorie ist wesentlicher Bestandteil einer geschriebenen Verfassung und wird konsequentermaßen von diesem Gericht als eine der fundamentalsten Prinzipien unserer Gesellschaft angesehen. Sie darf daher bei der weiteren Betrachtung dieses Themas nicht aus den Augen verloren werden.

Wenn ein verfassungswidriges Gesetz ungültig ist, bindet es dann – abgesehen von seiner Ungültigkeit – die Gerichte und verpflichtet sie, ihm Gültigkeit zu verleihen? Oder in anderen Worten, begründet es, obwohl es nicht Recht ist, eine Norm, die genau so wirksam ist, als wenn es Recht wäre? Dies bedeutete tatsächlich, daß das, was in der Theorie begründet ist, umstürzt und auf den ersten Blick hin als Absurdität erscheint, die zu ungeheuerlich ist, als daß man auf ihr bestehen könnte. Ihr soll jedoch eine aufmerksamere Berücksichtigung zuteil werden.

Es ist ausdrücklich Aufgabe und Pflicht der Justiz, zu sagen, was Recht ist. Diejenigen, welche die Norm bei verschiedenen Fällen anwenden, müssen sie notwendigerweise erläutern und interpretieren. Wenn zwei Gesetze miteinander kollidieren, so müssen die Gerichte über den Wirkungskreis beider entscheiden.

Das ist der Fall, wenn ein Gesetz zur Verfassung im Widerspruch steht, wenn sowohl das Gesetz als auch die Verfassung auf einen bestimmten Fall anwendbar sind, so daß das Gericht entweder entscheiden muß, ob der Fall mit dem Gesetz übereinstimmt – ungeachtet der Verfassung – oder unter Außerachtlassung des Gesetzes mit der Verfassung übereinstimmt. Das Gericht muß bestimmen, welche der miteinander kollidierenden Vorschriften für den Fall zutrifft. Das ist das eigentliche Wesen richterlicher Pflicht. Wenn daher die Gerichte die Verfassung beachten müssen und die Verfassung über jedem gewöhnlichen Gesetz der Legislative steht, so ist die Verfassung und nicht ein derartiges Gesetz für den Fall, auf den beide zutreffen, entscheidend.

Diejenigen, die das Prinzip bestreiten, daß die Verfassung vor Gericht als höchstes Recht beachtet werden muß, müssen die Notwendigkeit anerkennen, daß die Gerichte vor der Verfassung ihre Augen schließen und nur das Gesetz sehen müssen. Diese Doktrin würde das gesamte Fundament aller geschriebenen Verfassungen untergraben. Das würde bedeuten, daß ein Gesetz, das nach den Grundsätzen und der Theorie unserer Regierungsform ungültig ist, in der Praxis für gültig erklärt wird. Das würde bedeuten, daß, wenn die gesetzgebende Körperschaft dasjenige tut, was ausdrücklich verboten ist, ein solches Gesetz, ungeachtet des ausdrücklichen Verbots, in Wirklichkeit gültig ist. Das gäbe der Legislative im gleichen Atemzug sowohl eine praktische und wirkliche Alleinherrschaft als auch eine Beschränkung ihrer Gewalt. Das hieße, Grenzen vorzuschreiben und zu erklären, daß diese nach Belieben überschritten werden dürfen.

Da diese Theorie das zunichte macht, was wir als den größten Fortschritt politischer Institutionen erachten, würde eine geschriebene Verfassung in Amerika – wo man dieser soviel Ehrerbietung entgegenbringt – von selbst genügen, um diese Konstruktion zurückzuweisen. Aber die zuständigen Bestimmungen der Verfassung der Vereinigten Staaten sehen noch weitere Argumente zugunsten ihrer Ablehnung vor.

Die richterliche Gewalt der Vereinigten Staaten erstreckt sich auf alle Fälle, die unter der Verfassung entstehen. Konnte es dann die Absicht jener sein, die der Verfassung diese Gewalt gaben, zu sagen, daß bei ihrer Anwendung nicht die Verfassung berücksichtigt werden soll? Daß ein Fall, der unter die Verfassungsbestimmung fällt, ohne Prüfung derselben entschieden werden soll?

Das ist zu extravagant, als daß diese Behauptung aufrechterhalten werden kann.

Daher muß die Verfassung in einigen Fällen von den Richtern danach überprüft werden. Und wenn sie dies überhaupt können, für welchen Teil der Verfassung ist ihnen Auslegung oder Befolgung verboten?

Es gibt viele andere Teile der Verfassung, die dazu dienen, diese Materie zu illustrieren. Es heißt darin:

„Weder Steuer noch Zoll soll auf Waren gelegt werden, die aus einem Einzelstaat ausgeführt werden." Angenommen, es wird auf den Export von Baumwolle, Tabak oder Mehl ein Zoll gelegt und Klage darüber erhoben werden; sollte in diesem Fall ein Urteil ergehen? Sollten die Richter vor der Verfassung die Augen verschließen und nur das Gesetz betrachten?

Die Verfassung erklärt, daß „kein Ausnahmegesetz und kein Gesetz mit rückwirkender Kraft beschlossen werden soll". Wenn jedoch ein solches Gesetz beschlossen wird und eine Person danach verurteilt werden sollte, muß das Gericht jene Opfer zum Tode verurteilen, die die Verfassung sich bemüht zu schützen?

Es heißt in der Verfassung: „Niemand soll wegen Hochverrats verurteilt werden, es sei denn auf Grund der Aussage zweier Zeugen über dieselbe offenkundige Handlung oder wenn der Angeklagte sich selbst in öffentlicher Gerichtssitzung für schuldig erklärt." Hier wendet sich die Verfassung ausdrücklich an die Gerichte. Sie schreibt ihnen direkt eine Beweisnorm vor, von der nicht abgewichen werden darf. Wenn die Legislative diese Norm ändern sollte und nur einen Zeugen oder ein Geständnis außerhalb des Gerichts zur Verurteilung für genügend hält, muß dann der Verfassungsgrundsatz dem Gesetzgebungsakt weichen?

Diese Beispiele, wie auch viele andere, die man anführen könnte, zeigen offensichtlich, daß die Väter der Verfassung sich diese als Norm sowohl für die Herrschaft der Gerichte als auch für die der Legislative vorstellten.

Warum weist sie die Richter an, einen Eid auf die Verfassung abzulegen? Dieser Eid bezieht sich sicherlich in einer besonderen Weise auf die von ihnen als Amtsperson einzunehmende Haltung. Wie unmoralisch wäre es, ihnen diesen Eid aufzuzwingen, wenn sie als Ausführungsorgane – und zwar als wissende – zur Verletzung dessen benutzt würden, was sie zu unterstützen geschworen haben!

Der Amtseid, welcher von der Legislative auferlegt ist, beweist in überzeugender Weise die Meinung der Gesetzgeber hinsichtlich dieses Problems. Sie liegt in diesen Worten: „Ich schwöre feierlich, Recht zu sprechen, ohne Ansehen der Person, gleichermaßen für die Armen und die Reichen; ehrlich und unparteiisch alle mir obliegenden Pflichten nach bestem Wissen und Gewissen, in Übereinstimmung mit der Verfassung und den Gesetzen der Vereinigten Staaten zu erfüllen."

Warum schwört ein Richter, seine Pflichten in Übereinstimmung mit der Verfassung der Vereinigten Staaten zu erfüllen, wenn diese Verfassung keine Norm für seine Amtsführung bildet? Wenn sie ihm verschlossen ist und von ihm in der Anwendung nicht beaufsichtigt werden kann? Wenn das der wahre Stand der Dinge wäre, so ist das schlimmer als eine feierliche Verhöhnung. Diesen Eid vorzuschreiben oder abzulegen käme einem Verbrechen gleich. Es ist daher für die Betrachtung nicht ganz wertlos, daß bei der Erklärung, was das oberste Recht des Landes sein soll, die Verfassung selbst an erster Stelle genannt wird und nicht die Gesetze der Vereinigten Staaten im allgemeinen, sondern nur diejenigen, die gemäß der Verfassung erlassen sind und die entsprechende Stellung innehaben.

So bestätigt und stärkt der entsprechende Wortlaut der Verfassung der Vereinigten Staaten den Grundsatz, der allen geschriebenen Verfassungen wesentlich ist, daß ein verfassungswidriges Gesetz null und nichtig ist, und daß sowohl die Gerichte, als auch die anderen Staatsverwaltungen an die Verfassung gebunden sind.

McCulloch v. Maryland

Auszug aus der von Chief Justice Marshall verfaßten Begründung der Entscheidung des Obersten Gerichtshofs (4 Wheat 316) aus dem Jahre 1819

In dem Fall, der jetzt entschieden werden soll, verneint der Beklagte, ein souveräner Staat, die Gültigkeit eines Gesetzes, das von der Legislative der Union in Kraft gesetzt war; der Kläger bestreitet dagegen die Gültigkeit eines Gesetzes, das durch die Legislative des Staates verabschiedet war. Die Verfassung unseres Landes muß also in ihren interessantesten und lebenswichtigsten Teilen untersucht werden; die konkurrierenden Gewalten der Unionsregierung und diejenigen ihrer Mitglieder, wie sie in der Verfassung niedergelegt sind, stehen zur Debatte. Außerdem muß eine Entscheidung gefällt werden, die geeignet ist, die Handlungen der Regierung wesentlich zu beeinflussen. Kein Gericht kann an eine solche Frage ohne das tiefe Gefühl für ihre Wichtigkeit, für die schwerwiegende Verantwortung, die in seiner Entscheidung liegt, herantreten. Aber diese Frage muß friedlich entschieden werden, denn sonst bleibt sie eine Quelle umstrittener Gesetzgebung, vielleicht sogar ein Unruheherd noch viel ernsterer Natur; und wenn sie schon entschieden werden muß, so kann diese Entscheidung nur durch dieses Gericht gefällt werden. Die Verfassung unseres Landes hat dem Obersten Gerichtshof der Vereinigten Staaten diese wichtige Pflicht auferlegt.

1. Die erste Frage, die sich in diesem Fall erhob, war: Hat der Kongreß die Vollmacht, eine Bank zu gründen? Es ist richtig gesagt worden, daß man diese Frage schwerlich als offen, als eine überhaupt noch nicht in früheren Prozessen entschiedene betrachten kann, in Prozessen, deren Ergebnisse von der Nation als gültig respektiert werden. Der jetzt angefochtene Grundsatz wurde bereits zu einem sehr frühen Zeitpunkt unserer Geschichte eingeführt, wurde von vielen aufeinanderfolgenden Gesetzgebern anerkannt und ist von der Justiz in ganz besonders schwierigen Fällen als ein vollkommen zweifelsfreier, verbindlicher Grundsatz anerkannt worden.

Es soll nicht geleugnet werden, daß eine kühne und gewagte Usurpation – selbst nach einer noch längeren und vollständigeren Zustimmung – zurückgewiesen werden kann. Aber es wird angenommen, daß eine zweifelhafte Frage, zu der sich der menschliche Verstand nicht äußert, und das menschliche Urteil aufgeschoben wird, bei deren Lösung nicht die großen Freiheitsprinzipien betroffen sind, sondern die entsprechenden Befugnisse derjenigen, die gleichermaßen die Vertreter des Volkes sind, geklärt werden und, wenn sie durch die Regierungspraxis nicht geregelt werden konnte, so doch von dieser geprägt sein sollte. Eine Verfassungsauslegung, die wohlüberlegt durch Gesetzgebungsakte praktiziert wird, auf Grund derer ein immenser Reichtum erreicht wurde, sollte nicht mit leichter Hand mißachtet werden.

Die jetzt bestrittene Befugnis wurde bereits durch den ersten Kongreß, der unter der gegenwärtigen Verfassung gewählt wurde, praktiziert. Das Gesetz, in dem die Bank der Vereinigten Staaten begründet wurde, wurde nicht durch einen ahnungslosen Gesetzgeber erlassen und unbemerkt verabschiedet. Sein Prinzip wurde vollständig verstanden und damals mit Eifer und Fähigkeit gleichermaßen bekämpft. Nachdem ihm zunächst in fairer und offener Debatte, dann im Kabinett mit ebensoviel beharrlichem Talent Widerstand geleistet wurde, wie ihn noch nie eine Vorlage erfahren hatte, und der durch Argumente unterstützt wurde, die sogar solche Köpfe überzeugten, die ebenso rein wie auch geistreich waren, deren sich unser Land überhaupt rühmen kann, wurde es Gesetz. Man ließ zu, daß das ursprüngliche Gesetz ungültig wurde; aber die kurze Erfahrung der Verwirrung, die der Weigerung, es wieder in Kraft zu setzen, folgte, schadete der Regierung und überzeugte diejenigen, die am meisten gegen dieses Gesetz voreingenommen waren, von seiner Notwendigkeit und veranlaßte die Verabschiedung des gegenwärtigen Gesetzes. Es würde kein geringes Maß an Unerschrockenheit verlangen zu behaupten, daß ein unter derartigen Umständen angenommenes Gesetz eine kühne und offene Usurpation sei, zu der es nach der Verfassung keine Berechtigung gibt. Diese Betrachtungen gehören zu dem Fall; aber sie sind nicht unter dem Eindruck entstanden, daß, wenn die Frage vollständig neu wäre, das Gesetz als mit der Verfassung für unvereinbar gehalten würde.

Bei der Diskussion dieser Frage hat es der Anwalt des Staates Maryland angesichts— der Struktur der Verfassung — für wichtig erachtet, daß diese Verfassung nicht vom Volke herrühre, sondern als ein Akt souveräner und unabhängiger Staaten zu betrachten sei. Man hat angeführt, daß die Befugnisse der Unionsregierung von den Einzelstaaten, die allein souverän seien, delegiert worden seien. Sie müßten daher in Unterordnung unter die Einzelstaaten ausgeübt werden, die allein die oberste Gewalt besäßen. Es würde schwierig sein, diese Annahme aufrechterhalten. Die verfassunggebende Versammlung, welche die Verfassung schuf, war in der Tat von den einzelstaatlichen Gesetzgebern gewählt worden. Aber die von ihr entworfene Verfassung war nur ein Vorschlag ohne Gültigkeit oder einen Anspruch darauf. Dieser Vorschlag wurde dem damaligen Kongreß der Vereinigten Staaten mit der Bitte übermittelt, daß er „einer verfassunggebenden Versammlung von Delegierten, die in jedem einzelnen Staat zu diesem Zweck gewählt werden soll, mit der Empfehlung seiner Verabschiedung, zu ihrer Zustimmung und Ratifizierung vorgelegt werde". Diese Art des Verfahrens wurde angenommen; und durch die verfassunggebende Versammlung, durch den Kongreß und durch die einzelstaatlichen Gesetzgeber wurde er dem Volke vorgelegt. Dieses verhandelte darüber in der einzigen Art und Weise, in der es sicher, wirksam und weise über einen solchen Gegenstand verhandeln konnte: durch das Zusammenkommen der verfassunggebenden Versammlung. Es ist wahr, daß deren Mitglieder sich in ihren einzelnen Staaten trafen, wo hätten sie sich sonst treffen sollen? Kein politischer Träumer ließ es sich jemals einfallen, daran zu denken, die Grenzen, die die Einzelstaaten voneinander abtrennen, niederzureißen und das amerikanische Volk zu einer einzigen Masse zusammenzufassen. Wenn sie tätig wurden, dann konnte das nur in ihren Einzelstaaten sein. Aber die von ihnen beschlossenen Maßnahmen hören darum nicht auf, Maßnahmen des Volkes selbst zu sein oder etwa Maßnahmen der einzelstaatlichen Regierungen zu werden.

Von diesen verfassunggebenden Versammlungen leitet die Verfassung ihre gesamte Autorität ab. Die Regierung leitet sich direkt vom Volke ab; sie ist im Namen des Volkes „beschlossen und errichtet" worden; sie wurde beschlossen, „um eine vollkommenere Union zu bilden, die Rechtspflege herzustellen, die innere Ruhe zu sichern ... und um die Segnungen der Freiheit uns und unseren Nachkommen zu sichern". Die Zustimmung der Einzelstaaten in ihrer Souveränitätseigenschaft liegt in der Einberufung einer verfassunggebenden Versammlung durch welche der Verfassungsentwurf somit dem Volk vorgelegt wird. Es stand dem Volke völlig frei, ihn anzunehmen oder abzulehnen; seine Entscheidung war endgültig. Diese bedurfte nicht der Bestätigung durch die einzelstaatlichen Regierungen, und diese konnte nicht von ihnen abgelehnt werden. Die auf diese Weise angenommene Verfassung war voll gültig und band die einzelstaatliche Souveränität.

... Die Unionsregierung ist daher, welchen Einfluß diese Tatsache auch auf den Fall haben mag, ausdrücklich und wahrheitsgemäß eine Regierung des Volkes. Form und Inhalt sind durch das Volk bestimmt. Ihre Befugnisse wurden von ihm verliehen und sollten zu seinem Vorteil ausgeübt werden.

Es wird von allen anerkannt, daß diese Regierung mit genau umschriebenen Vollmachten ausgestattet ist. Der Grundsatz, daß sie nur diejenigen Rechte ausüben kann, die ihr verliehen wurden, scheint zu offensichtlich zu sein, als daß es notwendig wäre, ihn durch all diejenigen Argumente zu untermauern, die seine aufgeklärten Anhänger für notwendig hielten, vorzubringen, als er dem Volke vorgelegt wurde; dieser Grundsatz wird jetzt allgemein anerkannt. Aber die Frage der Respektierung des Ausmaßes der tatsächlich verliehenen Befugnisse wird immer häufiger gestellt, und dies wird wahrscheinlich noch zunehmen, solange unser Verfassungssystem existiert.

Bei der Diskussion dieser Fragen müssen die konkurrierenden Zuständigkeiten der Union und der Einzelstaaten betrachtet, und der Vorrang ihrer Gesetze muß geregelt werden, wenn diese sich widersprechen. Wenn irgendein Antrag die allgemeine Zustimmung der Nation verlangt, so können wir erwarten, daß es dieser wäre – daß die Regierung der Union, obgleich in ihrem Recht begrenzt, souverän innerhalb ihres Wirkungsbereiches ist. Dies scheint notwendigerweise die Folge ihres Ursprungs zu sein. Sie ist die Regierung aller; ihr sind die Vollmachten von allen übertragen worden; sie repräsentiert alle und handelt für alle. Obgleich mancher Einzelstaat wünschen könnte, ihre Handlungen zu kontrollieren, so ist doch kein Einzelstaat bereit, anderen zu erlauben, sie zu kontrollieren. Die Nation muß notwendigerweise hinsichtlich der Dinge, über die sie entscheiden kann, ihre Bestandteile zusammenhalten. Aber diese Frage ist nicht nur dem reinen Verstand überlassen; das Volk hat dies ausdrücklich entschieden, indem es sagte, „diese Verfassung und die Gesetze der Vereinigten Staaten, die auf Grund derselben erlassen sind, ... sollen das oberste Recht des Landes sein ...", und indem es verlangte, daß die Mitglieder der einzelstaatlichen Gesetzgeber, die Beamten der Exekutive und der Justiz der Einzelstaaten, den Treue-Eid auf sie leisten sollten. Die Regierung der Vereinigten Staaten ist daher, obgleich begrenzt in ihren Rechten, die oberste Gewalt; und ihre Gesetze bilden, wenn sie auf Grund der Verfassung erlassen wurden, das oberste Recht des Landes, „auch wenn dem die Verfassung oder die Gesetze irgendeines Einzelstaates entgegenstehen".

Unter den enumerierten Rechten finden wir nicht eins, das die Errichtung einer Bank oder die Schaffung einer juristischen Person vorsieht. Aber die Verfassung enthält keine Bestimmung, die – wie in den Artikeln der Konföderation – mit einbegriffene Befugnisse ausschließt; die verlangt, daß jede verliehene Vollmacht ausdrücklich und genau umschrieben sein soll. Sogar der zehnte Zusatzartikel, der zum Zwecke der Beruhigung übertriebener Eifersüchteleien geschaffen wurde, enthält nicht das Wort „ausdrücklich" und erklärt nur, daß die Machtbefugnisse, „die durch die Verfassung weder den Vereinigten Staaten übertragen noch den Einzelstaaten entzogen sind, den einzelnen Staaten oder dem Volke vorbehalten bleiben"; so wird diese Frage, ob eine spezielle Machtbefugnis, die der Gegenstand des Streites werden kann, der einen Regierung übertragen oder der anderen entzogen werden soll, von der fairen Auslegung der ganzen Verfassung abhängig gemacht. Die Männer, die diesen Zusatzartikel entwarfen und annahmen, hatten die Verwirrung kennengelernt, die aus der Einfügung dieses Wortes in die Artikel der Konföderation entstanden war, und ließen es wahrscheinlich deshalb aus. Eine Verfassung, die eine detaillierte Darstellung all der Unterteilungen enthielte, die ihre großen Befugnisse zulassen, und all der Mittel, durch die diese ausgeführt werden können, würde die Weitschweifigkeit eines Gesetzbuches annehmen und könnte kaum vom menschlichen Verstand begriffen werden. Sie würde wahrscheinlich niemals von der Öffentlichkeit verstanden werden. Die Eigenart einer Verfassung verlangt daher, daß in ihr nur die großen äußeren Linien gekennzeichnet ihre wichtigen Prinzipien genannt, und die wenigen wichtigen Einzelheiten, aus denen sich die grundlegenden Prinzipien zusammensetzen, aus der Herkunft und dem Wesen derselben abgeleitet werden. Daß diese Idee von den Verfassunggebern der Vereinigten Staaten beabsichtigt wurde, ergibt sich nicht allein aus der Natur, sondern auch aus der Sprache der Verfassung. Warum sind sonst einige der Beschränkungen in dem neunten Abschnitt des ersten Artikels enthalten? Dies ist auch bis zu einem gewissen Maße verbürgt, indem man davon Abstand nahm, jeden einschränkenden Ausdruck zu verwenden, der eine faire und gerechte Interpretation verhüten könnte. Bei der Behandlung dieser Frage dürfen wir niemals vergessen, daß es eine Verfassung ist, die wir auslegen.

Obgleich wir unter den in der Verfassung aufgezählten Machtbefugnissen der Regierung nicht das Wort „Bank" oder „Körperschaft" finden, so sind darin doch die großen Befugnisse enthalten, nämlich Steuern zu erheben; Anleihen aufzunehmen; den Handel zu organisieren; Krieg zu erklären und zu führen; Heer und Flotten aufzustellen und zu unterhalten. Das Schwert und die Staatskasse, die gesamten auswärtigen Beziehungen und ein nicht unbeträchtlicher Teil der Industrie der Nation sind der Regierung anvertraut. Es kann niemals angenommen werden, daß diese weitreichenden Befugnisse andere von geringerer Wichtigkeit nach sich ziehen, nur weil diese untergeordnet sind. Eine solche Vorstellung kann niemals unterstützt werden. Aber man kann mit gutem Grund behaupten, daß eine Regierung, die mit derartig weitreichenden Machtbefugnissen betraut ist, von deren richtiger Durchführung das Glück und das Gedeihen der Nation in so lebenswichtigem Maße abhängt, ebenso mit weitreichenden Mitteln für die Durchführung ausgestattet sein muß. Nachdem die Befugnis erteilt ist, liegt es im Interesse der Nation, ihre Durchführung zu erleichtern. Es kann niemals ihr Interesse gewesen sein und als ihre Absicht angenommen werden, die Durchführung durch die Zurückhaltung der geeignetsten Mittel zu hemmen und zu erschweren. In dieser großen Republik, von St. Croix bis zum Golf von Mexiko, vom Atlantik bis zum Pazifik, werden Steuern erhoben und ausgegeben, Armeen in Bewegung gesetzt und unterhalten. Die dringenden Bedürfnisse der Nation können es verlangen, daß der im Norden entstandene Reichtum nach dem Süden, der im Osten entstandene nach dem Westen oder umgekehrt gebracht wird. Sollte man nun eine Verfassungsauslegung vorziehen, die derartige Unternehmungen schwierig, gewagt und kostspielig macht? Können wir jene Auslegung akzeptieren (vorausgesetzt, daß die Worte es gebieterisch verlangen), die den Verfassungsgebern die Absicht unterstellt, daß diese – bei der Gewährung dieser Machtbefugnisse für das Allgemeinwohl – ihre Durchführung durch Behinderung bei der Wahl der Mittel erschweren wollten? Wenn das tatsächlich der Auftrag der Verfassung ist, haben wir nur zu gehorchen. Aber die Verfassung hat nicht die Absicht, die Mittel, durch welche die ihr übertragenen Befugnisse ausgeführt werden, zu enumerieren. Noch verbietet sie gar die Schaffung einer Körperschaft, wenn deren Bestehen wichtig für die nützliche Durchführung jener Befugnisse ist. Es ist daher Aufgabe einer fairen Untersuchung, festzustellen, wie weit derartige Mittel angewandt werden dürfen.

Es wird nicht verneint, daß die der Regierung verliehenen Befugnisse die dafür notwendigen Mittel mit einschließen; z.B. daß die der Steuererhebung und ihrer Verwendung zu nationalen Zwecken erlaubterweise mit einschließt, Geld von Ort zu Ort zu bringen, ebenso wie die Benutzung der üblichen Transportmittel, wie es die dringenden Erfordernisse der Nation verlangen. Aber es wird verneint, daß die Regierung selbst die Wahl der Mittel treffen kann; oder daß sie die geeignetsten Mittel benutzen darf, wenn es zu ihrer Anwendung notwendig ist, eine Körperschaft zu gründen.

Obwohl ein Staatshoheitsrecht, so ist das Recht, eine Gesellschaft zu gründen, kein selbständiges oder unabhängiges, wie Rechte, Krieg zu erklären, Steuern zu erheben oder den Handel zu regulieren; diese Rechte sind Haupt- und unabhängige Rechte, welche nicht als von den anderen abgeleitet oder als Durchführungsmittel für andere Rechte angesehen werden können. Es ist niemals der Zweck, für den andere Befugnisse gebraucht, sondern nur ein Mittel, mit dessen Hilfe andere Ziele erreicht werden. Der Nächstenliebe wird nichts um einer Körperschaft willen gegeben, sondern die Körperschaft wird wegen der Nächstenliebe errichtet. Kein Studienseminar ist errichtet, um zur Körperschaft erhoben zu werden, sondern die Eigenschaft einer Körperschaft ist diesem übertragen worden, um Erziehungszwecken zu dienen. Keine Stadt ist jemals mit dem einzigen Ziel gebaut worden, zur Körperschaft erhoben zu werden, sondern dies geschah nur, da sie sich so am besten verwalten läßt. Die Befugnis, eine Körperschaft zu gründen, wird niemals um ihrer selbst willen ausgeübt, sondern um etwas anderes wirksam zu machen. Man kann daher keinen ausreichenden Grund verstehen, warum diese Befugnis nicht als Nebenprodukt derjenigen gilt, die der Regierung ausdrücklich verliehen worden sind, wenn sie ein zutreffendes Ausführungsmittel für diese darstellt.

Aber die Verfassung der Vereinigten Staaten hat nicht das Recht des Kongresses, die Anwendung der notwendigen Mittel zur Durchführung der der Regierung übertragenen Befugnisse der allgemeinen Vernunft zu überlassen. Zu der Aufzählung der Befugnisse in der Verfassung ist hinzugefügt, daß „der Kongreß das Recht haben soll, alle notwendigen und zweckmäßigen Gesetze zur Ausübung der vorstehenden Befugnisse und alle anderen Befugnisse, mit denen diese Verfassung die Regierung der Vereinigten Staaten oder irgendeinen Verwaltungszweig derselben beauftragt hat, zu erlassen“.

Der Anwalt des Staates Maryland hat verschiedene Argumente vorgebracht, um zu beweisen, daß diese Bestimmung den Worten nach eine Befugniserteilung darstellt, aber nicht der Wirkung nach. Sie sei vielmehr in Wirklichkeit beschränkender Natur für das allgemeine Recht der Auswahl der Mittel zur Durchführung der enumerierten Befugnisse, welches sonst mit eingeschlossen sein kann.

Zur Unterstützung dieser Feststellung hat man es für notwendig erachtet, zu behaupten, daß diese Klausel für den Zweck bestimmt war, den Kongreß mit der Gesetzgebungsbefugnis auszustatten. Beim Fehlen derselben könnten Zweifel bestehen bleiben, ob der Kongreß seine Befugnisse in Gesetzgebungsform ausüben kann.

Aber kann das der Zweck gewesen sein, für den die Bestimmung in die Verfassung hineingeschrieben wurde? ... Daß eine Legislative, die mit Gesetzgebungsbefugnissen betraut ist, Gesetze machen kann, ist eine zu selbstverständliche Behauptung, als daß man sie bezweifeln könnte.

Aber das Argument, auf welches am meisten vertraut wird, wird der besonderen Sprache entnommen, in der diese Bestimmung geschrieben ist. Der Kongreß sei nicht durch sie ermächtigt, alle Gesetze zu machen, die in Beziehung zu den der Regierung übertragenen Befugnissen stehen, sondern nur solche, die „notwendig" und „zweckmäßig" zu ihrer Durchführung seien. Das Wort „notwendig" wird als den ganzen Satz beherrschend angesehen, als Begrenzung des Rechts, Gesetze zur Durchführung der gewährten Befugnisse zu erlassen, auf diejenigen, die unerläßlich sind und ohne welche die ganze Ermächtigung wertlos ist. Schließlich soll sie bedeuten, daß der Regierung die Wahl der Mittel nicht freisteht, und sie überläßt es dem Kongreß, in jedem einzelnen Fall zu entscheiden, welches Mittel am zutreffendsten und einfachsten ist.

Ist es nun zutreffend, daß das Wort „notwendig" immer in diesem Sinne gebraucht wird? Besagt es immer eine absolute physische Notwendigkeit, die so stark ist, daß eine Sache, zu der eine andere als notwendig bezeichnet wird, ohne diese nicht existieren kann? Wir glauben nicht, daß es sich so verhält. Wenn man sich darauf bezieht, wie es in der Weltpolitik oder bei anerkannten Autoren angewandt wird, so finden wir, daß es häufig nicht mehr bedeutet, als daß eine Sache einer anderen dienlich, nützlich oder wesentlich ist.

Unter der Anwendung von Mitteln zur Erreichung eines Zieles wird im allgemeinen die Anwendung jedes Mittels verstanden, das verspricht, die gewünschte Absicht zu erreichen. Man versteht darunter nicht die Beschränkung auf jene einzelnen Mittel, ohne die das Ziel völlig unerreichbar wäre. Es ist das Wesen der menschlichen Sprache, daß kein Wort dem Verstand in allen Situationen eine einzige endgültige Vorstellung gibt; und nichts ist häufiger, als die Worte in übertragender Bedeutung zu gebrauchen. Nahezu alle Aufsätze enthalten Worte, die eine von der offensichtlichen Absicht abweichende Bedeutung haben, wenn man sie streng wörtlich nimmt. Für eine richtige Konstruktion ist es wichtig, daß viele Worte, die etwas Übertriebenes bedeuten, in einem gemäßigteren Sinn verstanden werden – in einem Sinn, den der allgemeine Gebrauch rechtfertigt. Das Wort „notwendig" fällt unter diese Gruppe. Es hat keinen bestimmten Charakter. Es läßt alle Grade des Vergleichs zu. Es ist oft mit anderen Worten verbunden, die entweder den Eindruck, den man von der Notwendigkeit seiner Bedeutung erhält, vergrößern oder verkleinern. Eine Sache kann dringend, sehr dringend oder unerläßlich notwendig sein. Niemand würde die gleiche Vorstellung durch diese verschiedenen Ausdrücke erhalten ... Dieses Wort wird daher, wie viele andere, in verschiedener Bedeutung gebraucht. Bei seiner Anwendung müssen das Subjekt, der Zusammenhang und die Absicht derjenigen Person, die es benutzt, mit in Betracht gezogen werden.

Lassen Sie uns das in dem vorliegenden Falle tun. Der Gegenstand ist die Anwendung jener großen Befugnisse, von denen das Wohlergehen einer Nation wesentlich abhängt. Es muß die Absicht derjenigen gewesen sein, die diese Befugnisse verliehen, ihre nutzbringende Durchführung soweit, wie es menschliche Klugheit kann, sicherzustellen. Dies kann nicht erreicht werden, indem man die Wahl der Mittel derartig beschränkt, daß man dem Kongreß nicht die Befugnisse läßt, diejenigen, die ihm geeignet und dem Ziel dienlich erscheinen, anzuwenden. Diese Bestimmung ist

Teil einer Verfassung, die jahrhundertelang gelten soll und folglich den verschiedenen Krisen der menschlichen Angelegenheiten angepaßt sein muß. Hätte man die Mittel, mit denen die Regierung in allen zukünftigen Fällen ihre Befugnisse anzuwenden hat, vorgeschrieben, so hätte das bedeutet, den Charakter der Verfassung völlig zu ändern und ihr die Eigenschaft eines Gesetzbuches zu geben. Es wäre ein unkluges Unterfangen gewesen, mit Hilfe starrer Regeln für die dringenden Erfordernisse vorzusorgen, die man, soweit überhaupt, nur unklar voraussehen und für die am besten gesorgt werden kann, wenn sie eintreten. Hätte man aber erklärt, daß die besten Mittel nicht angewandt werden dürfen, sondern allein nur nach den starren Regeln gehandelt werden dürfe, es sei denn, die verliehene Vollmacht wäre überhaupt sinnlos, so hätte man der Legislative die Fähigkeit genommen, sich die Erfahrungen zunutze zu machen, ihre Vernunft anzuwenden und ihre Gesetzgebung den Umständen anzupassen ...

Aber das Argument, das in überzeugendster Weise den Irrtum beweist, der in dieser Auslegung liegt, für die der Anwalt des Staates Maryland kämpft, beruht auf der Ansicht der verfassunggebenden Versammlung, wie sie sich in der ganzen Bestimmung ausdrückt. Damit Zeit und Argumente zu verschwenden, daß man beweist, der Kongreß sei ohne derartige Vollmachten in der Lage, seine Befugnisse auszuüben, wäre nicht weniger müßig, als eine brennende Kerze gegen die Sonne zu halten. Genau so wenig kann der Beweis verlangt werden, daß beim Fehlen dieser Bestimmung der Kongreß eine gewisse Auswahl der Mittel hätte; daß er diejenigen anwenden könne, die nach seinem Urteil am günstigsten das zu verwirklichende Ziel beeinflussen; daß jedes Mittel, das zu diesem Zweck und in der direkten Absicht angewandt werde, die verfassungsmäßigen Rechte der Regierung auszuüben, in sich selbst verfassungsmäßig sei. Die Bestimmung, wie sie vom Staate Maryland ausgelegt wird, würde das nützliche und notwendige Recht der Legislative, die Wahl ihrer Mittel zu treffen, beschränken und beinahe vernichten. Daß dies nicht die Absicht gewesen sein kann, ist, wie wir glauben, wenn es nicht schon bestritten worden wäre, zu einleuchtend, als daß man darüber streiten kann. Aus folgenden Gründen sind wir dieser Ansicht:

1) Die Bestimmung steht unter den Machtbefugnissen des Kongresses, aber nicht unter den Beschränkungen dieser Befugnisse.
2) Ihr Wortlaut bedeutet, daß die der Regierung anvertrauten Befugnisse erweitert und nicht eingeschränkt werden sollen. Er besagt eine zusätzliche Befugnis, nicht eine Beschränkung der schon gewährten. Es gibt keinen vernünftigen Grund, und es kann auch keiner vorgetragen werden, auf diese Art und Weise eine Absicht zu verbessern, die den Bereich der bundesstaatlichen Legislative einschränkt, indem man Worte benutzt, die ihn ausweiten sollen. Die Verfassunggeber wünschten ihre Annahme und wußten sehr gut, daß diese durch ihre Stärke, nicht aber durch ihre Schwäche gefährdet werden würde. Wenn sie in der Lage gewesen wären, eine Sprache zu gebrauchen, die auf den ersten Blick die eine Vorstellung erweckte, und nach tiefer Überlegung dem Verstand eine andere aufdrängt, so hätten sie eher die Gewährung als die Begrenzung von Befugnissen verhüllt. Wenn es daher ihre Absicht gewesen ist, mit dieser Bestimmung den freien Gebrauch der Mittel, der sonst in der Klausel enthalten gewesen wäre, einzuschränken, so wäre diese Absicht an anderer Stelle enthalten und wäre in Worten ausgedrückt, die den folgenden gleichen: „Bei der Ausführung der vorstehenden Befugnisse und allen anderen" usw. „sollen keine Gesetze außer solchen erlassen werden, die notwendig und zweckmäßig sind." Wenn es beabsichtigt gewesen

wäre, diese Bestimmung mit beschränkender Wirkung zu versehen, so wäre es zweifellos sowohl der Form als auch der Wirkung nach geschehen.

Das Resultat der sehr sorgfältigen und bedachtsamen Betrachtung über diese Bestimmung besteht darin, daß, wenn sie die Befugnisse nicht erweitert, man auch keine Beschränkung der Befugnisse des Kongresses konstruieren oder das Recht der Legislative schmälern kann, ihr bestes Urteil in der Auswahl der Maßnahmen zur Durchführung der verfassungsmäßigen Befugnisse der Regierung anzuwenden. Wenn kein anderes Motiv für ihre Einsetzung in die Verfassung gefunden werden kann, so liegt ein hinreichendes in dem Verlangen, alle Zweifel bei der Respektierung des Rechts, Gesetze über diese ungeheure Masse von Nebenbefugnissen zu erlassen, die in der Verfassung mit eingeschlossen sein müssen, zu beseitigen, damit sie nicht zu einem kostspieligen Spielzeug wird.

Wir geben alle zu, daß die Machtbefugnisse der Regierung begrenzt sind und daß diese Grenzen nicht überschritten werden dürfen. Wir glauben aber, daß die solide Konstruktion der Verfassung der nationalen Gesetzgebung jene Verfügung über Mittel, durch die die Befugnisse, die sie überträgt, durchgeführt werden, gestatten muß. Mittel, die diese Körperschaft in die Lage versetzt, die hohen Pflichten, die ihr auferlegt sind, in der für das Volk günstigsten Weise zu erfüllen. Wenn das Ziel legitim ist, wenn es sich im Rahmen der Verfassung befindet, dann sind alle Mittel, die angemessen und offen auf jenen Zweck gerichtet und nicht verboten sind, sondern mit dem Buchstaben und dem Geist der Verfassung übereinstimmen, verfassungsmäßig ...

Wenn eine Gesellschaft ohne Unterschied zu anderen Mitteln zur Durchführung der Regierungsbefugnisse gebraucht werden darf, so kann kein besonderer Grund für das Verbot der Benutzung einer Bank angegeben werden, wenn die Regierung diese für ihre fiskalischen Operationen benötigt. Will sich der Kongreß einer solchen bedienen, so muß das innerhalb des Ermessens des Kongresses liegen, wenn ihre Benutzung eine geeignete Art der Durchführung der Regierungsbefugnisse darstellt. Daß sie ein passendes, nützliches und wichtiges Mittel zur Durchführung seiner fiskalischen Operation ist, ist jetzt kein Gegenstand des Streits. Alle, die mit der Verwaltung unserer Finanzen zu tun haben, stimmen hinsichtlich ihrer Wichtigkeit und Notwendigkeit zu; so stark haben sie das gefühlt, daß sogar Staatsmänner ersten Ranges, deren frühere Ansichten gegen sie durch jeden Umstand, den das menschliche Urteil festhalten kann, bekräftigt wurde, diese Ansichten angesichts der dringenden Erfordernisse der Nation aufgegeben haben.

Nach sorgfältigster Überlegung ist es die einstimmige und entschiedene Ansicht des Gerichts, daß das Gesetz, das die Bank der Vereinigten Staaten gründet, mit der Verfassung übereinstimmt und damit auch ein Teil des obersten Rechts des Landes ist.

Es ist die Ansicht des Gerichts, daß das Gesetz zur Gründung dieser Bank verfassungsmäßig ist; und um festzustellen, ob das Recht zur Errichtung einer Zweigabteilung im Staate Maryland angebrachterweise durch die Bank selbst ausgeübt werden kann, kommen wir zur Prüfung der Frage:

2. Darf der Staat Maryland ohne Verletzung der Verfassung diese Zweigniederlassung besteuern?

Daß das Recht der Besteuerung von lebenswichtiger Bedeutung ist, das dieses Recht den Staaten überlassen ist, daß es nicht durch Gewährung einer ähnlichen Befugnis an die Unionsregierung geschmälert ist, daß es durch zwei Regierungen gleichzeitig ausgeübt wird: All das sind unbestrittene Tatsachen. Aber es liegt in dem vorrangigen Charakter der Verfassung, daß ihre Befugnis jeden Gegenstand, sogar dieses Recht, zu entziehen, zulässig ist. Es ist den Einzelstaaten ausdrücklich verboten, Importe oder Exporte mit Steuern zu belegen, außer denjenigen Steuern, die zur Durchführung ihrer Kontrollgesetze absolut notwendig sind. Wenn die Verpflichtung dieses Verbots zugestanden werden muß – wenn sie einen Einzelstaat von der Ausübung des Besteuerungsrechts hinsichtlich von Importen und Exporten zurückhalten kann, dann scheint es, als würde die über den einzelstaatlichen Verfassungen stehende Bundesverfassung, wie es sicherlich auch der Fall ist, einen Einzelstaat an der Ausübung dieses Rechts zurückhalten, wenn es seiner Natur nach unvereinbar ist und im Widerspruch zu den Verfassungsgesetzen der Union steht. Ein Gesetz also, das unvereinbar mit einem anderen ist, das völlig das andere aufhebt, als ob ausdrückliche Aufhebungsbestimmung angewendet würden.

Daher erhebt der Anwalt der Bank die Forderung, vom Recht des Staates, ihre Geschäfte zu besteuern, ausgenommen zu werden. Es gibt keine ausdrückliche Bestimmung für diesen Fall; aber die Forderung ist auf einem Grundsatz aufgebaut, der vollständig die Verfassung durchdringt, der mit den Bestandteilen, aus denen sie sich zusammensetzt, so verbunden, so verwachsen mit ihrem Gewebe, so mit ihrer Struktur verbunden ist, daß es unmöglich ist, diesen Grundsatz von der Verfassung zu trennen, ohne sie in Stücke zu zerreißen. Dieser bedeutende Grundsatz besagt, daß die Verfassung und die zu ihrer Ausführung erlassenen Gesetze als höchstes Recht herrschen; daß sie die Verfassung und die Gesetze der einzelnen Staaten kontrollieren, aber nicht durch diese kontrolliert werden können. Von diesem Prinzip, das beinahe als Axiom bezeichnet werden kann, werden andere Bestimmungen konsequenterweise abgeleitet, von deren Gültigkeit oder Ungültigkeit und von deren Anwendbarkeit auf diesen Fall der ganze Prozeß abhängt. Diese sind:

1) daß das Recht, etwas zu gründen, auch das Recht einschließt, es zu erhalten;
2) daß das Recht zu zerstören, wenn es von einer anderen Seite ausgeübt wird, gegen das Recht zur Errichtung und Erhaltung verstößt und unvereinbar damit ist;
3) daß dort, wo dieser Widerspruch besteht, die zuständige oberste Instanz, kontrollieren muß, und nicht denjenigen weichen darf, die ihr untergeordnet sind.

Die Befugnis des Kongresses, die Bank zu errichten und natürlich auch zu erhalten, war der Gegenstand des bisherigen Teils dieser Entscheidung und wird nicht mehr als zweifelhaft angesehen.

Daß die Befugnis ihrer Besteuerung durch die Einzelstaaten auch so ausgeübt werden kann, daß sie vernichtet wird, ist zu offensichtlich, um geleugnet zu werden. Aber es wird gesagt, daß die Besteuerung ein absolutes Recht ist, das keine anderen Grenzen als diejenigen anerkenne, als die die ausdrücklich in der Verfassung vorgeschrieben sind und daß es, wie jedes andere souveräne Recht, dem Ermessen derjenigen anvertraut ist, die es ausüben ...

Das Argument auf seiten des Staates Maryland besagt, nicht daß die Einzelstaaten direkt einem Gesetz des Kongresses Widerstand leisten dürfen, sondern daß sie ihre anerkannten Befugnisse über dieses ausüben können und daß die Verfassung ihnen dieses Recht im Vertrauen darauf überläßt, daß sie es nicht mißbrauchen ...

Daß das Recht zur Besteuerung das Recht zu zerstören einschließt, daß das Recht zu zerstören das Recht zu gründen beseitigt und nutzlos macht; daß ein Widerspruch besteht, wenn man auf eine Regierung das Recht überträgt, die verfassungsmäßigen Maßnahmen einer anderen zu kontrollieren, die gerade in bezug auf diese Maßnahmen als die herrschende über derjenigen steht, welche die Kontrolle ausübt: All das sind Bestimmungen, die nicht abgestritten werden. Aber alle Widersprüche werden durch den Zauber des Wortes „Vertrauen" versöhnt. Man sagt, daß die Besteuerung nicht notwendiger- und unvermeidlicherweise zerstörende Wirkung hat. Sie bis zum Ausmaß der Vernichtung zu treiben, würde Mißbrauch sein; den zu vermuten, würde jenes Vertrauen verbannen, das für jede Regierung lebenswichtig ist.

Aber ist das ein Fall des Vertrauens? Würde die Bevölkerung eines Einzelstaats die Bevölkerung eines anderen mit dem Recht der Kontrolle über die unbedeutendsten Handlungen ihrer einzelstaatlichen Regierung betrauen? Wir glauben, daß sie es nicht tun würde. Warum sollen wir aber annehmen, daß die Bevölkerung irgendeines Staates willens wäre, die Bevölkerung eines anderen Staates mit dem Kontrollrecht über die Handlung einer Regierung zu betrauen, der sie die wichtigsten und wertvollsten Interessen anvertraut hat? Allein in der gesetzgebenden Körperschaft der Union sind alle vertreten. Allein die gesetzgebende Körperschaft der Union kann daher von der Bevölkerung mit dem Kontrollrecht über die Maßnahmen betraut werden, die alle betreffen, im Vertrauen darauf, daß dieses Recht nicht mißbraucht wird. Dies ist daher nicht ein Fall des Vertrauens, und wir müssen ihn als das betrachten, was er wirklich ist.

Wenn wir das Prinzip, für welches der Staat Maryland eintritt, auf die Verfassung allgemein anwenden, so werden wir es in der Lage sehen, die Eigenart der Verfassung völlig zu ändern. Wir werden sehen, daß es in der Lage ist, alle Maßnahmen der Regierung zu hemmen und sie zu Füßen der Einzelstaaten zu demütigen. Das amerikanische Volk hat seine Verfassung und die zu ihrer Ausführung geschaffenen Gesetze zum obersten Recht des Landes erklärt; aber dieses Prinzip würde diese Vorherrschaft in Wirklichkeit den Einzelstaaten übertragen.

Wenn es den Einzelstaaten gestattet ist, eine Einrichtung der Regierung, die diese zur Ausübung ihrer Machtbefugnisse benutzt, zu besteuern, so können sie alle anderen Einrichtungen auch besteuern. Dann können sie die Post, die staatliche Münzprägerei, Patentrechte, die Zollbehörde, das Gerichtsverfahren besteuern; sie können dann alle von der Regierung benutzten Mittel bis zu einem Ausmaß besteuern, das alle Ziele der Regierung zunichte machen würde. Das war aber nicht vom amerikanischen Volk beabsichtigt. Es wollte nicht seine Regierung von den Einzelstaaten abhängig machen.

Man hat auch behauptet, daß – da das Besteuerungsrecht der Unions- und der einzelstaatlichen Regierungen anerkanntermaßen nebeneinander besteht – jedes Argument, welches zur Stärkung der Besteuerung von Banken, die von den Einzelstaaten genehmigt worden sind, durch die Unionsregierung führt, in gleicher Weise auch zur Stärkung des Rechts der Einzelstaaten führt, Banken, die von der Unionsregierung genehmigt worden sind, ebenfalls besteuern zu können.

Aber die zwei Fälle haben nicht die gleiche Grundlage. Das Volk aller Einzelstaaten hat die Unionsregierung geschaffen und ihr in diesem Rahmen das Besteuerungsrecht übertragen. Das Volk aller Einzelstaaten und die Einzelstaaten selbst sind im Kongreß vertreten und üben durch ihre Vertreter dieses Recht aus. Wenn sie dabei die von den Einzelstaaten genehmigten Einrichtungen besteuern, so besteuern sie ihre Wähler; und diese Steuern müssen einheitlich sein. Aber wenn ein Einzelstaat die Unternehmungen der Regierung der Vereinigten Staaten besteuert, so verfügt er über Einrichtungen, die nicht von seinen eigenen Wählern, sondern durch das Gesamtvolk geschaffen worden sind, über die sie keine Kontrolle beanspruchen. Er verfügt über die Maßnahmen einer Regierung, die sowohl durch andere als auch durch ihn selbst geschaffen wurden, sowohl zum Wohle der anderen als auch zu seinem eigenen. Es handelt sich hierbei um den Unterschied, der immer besteht und immer bestehen muß, nämlich zwischen der Handlung der Gesamtheit über einen Teil und der Handlung eines Teils über die Gesamtheit – zwischen den Gesetzen einer Regierung, die als die oberste bestimmt ist, und jenen Gesetzen einer Regierung, die sich im Widerspruch zu den von der obersten Regierung erlassenen befindet, und die selbst nicht die oberste Regierung ist.

Aber wenn man die volle Anwendung dieses Arguments zuließe, so könnte es doch das Recht des Kongresses in Zweifel stellen, die einzelstaatlichen Banken zu besteuern, aber könnte nicht das Recht der Einzelstaaten beweisen, die Bank der Vereinigten Staaten zu besteuern.

Das Gericht hat dieser Materie die größtmögliche Aufmerksamkeit gewidmet. Das Resultat ist die Gewißheit, daß die Einzelstaaten kein Recht haben, durch Besteuerung oder auf andere Art und Weise die Wirksamkeit verfassungsmäßiger Gesetze, die durch den Kongreß verabschiedet wurden, und deren Durchführug der Unionsregierung anvertraut ist, zu verzögern, zu hindern, zu erschweren oder in irgendeiner Form zu kontrollieren. Wir glauben, daß dies die unvermeidbare Konsequenz der Suprematie ist, welche die Verfassung vorsieht.

Wir sind einstimmig der Ansicht, daß das Gesetz, das durch die gesetzgebende Körperschaft des Staates Maryland verabschiedet wurde und das der Bank der Vereinigten Staaten eine Steuer auferlegte, verfassungswidrig und ungültig ist.

Diese Ansicht nimmt den Einzelstaaten in keiner Weise irgendeine Einnahme, die sie ursprünglich besessen haben. Sie erstreckt sich weder auf eine Steuer, die durch das Grundeigentum der Bank gemeinsam mit dem anderen Grundeigentum innerhalb des Staates bezahlt wird, noch erstreckt sie sich auf die Anteile, die die Bürger von Maryland vielleicht bei dieser Institution genauso wie an anderem Eigentum der gleichen Art innerhalb des Staates haben. Aber dies ist eine Steuer auf die Geschäfte der Bank und konsequentermaßen eine Steuer auf die Geschäfte einer Institution, die von der Regierung der Vereinigten Staaten benutzt wird, um ihre Machtbefugnisse auszuüben. Eine derartige Steuer muß verfassungswidrig sein.

Aufgehoben und annulliert.

West Virginia State Board of Education v. Barnette

Auszug aus der von Mr. Justice Jackson verfaßten Begründung der Entscheidung des Obersten Gerichtshofs (319 US 624) aus dem Jahre 1943

Die Gesetzgebungskörperschaft von West Virginia ergänzte gemäß der Entscheidung des Obersten Gerichtshofes im Falle Minersville School District v. Gobitis (310 US 586) ihre Gesetze und wies die Schulen an, Unterricht in Geschichte, Staatsbürgerkunde und Verfassungskunde der Vereinigten Staaten und des Einzelstaates abzuhalten „mit dem Ziel der Unterrichtung, Förderung und Aufrechterhaltung der Ideale, Prinzipien und des Geistes des Amerikanismus sowie zur Verstärkung der Kenntnisse über die Organisation und das Funktionieren des Regierungssystems ..."

The Board of Education nahm daher am 9. 1. 1942 eine Resolution an, in der große Teile aus der Gobitis-Entscheidung des Obersten Gerichtshofes übernommen wurden und die Anordnung getroffen wurde, daß der Flaggengruß „ein regulärer Teil des Schulunterrichts in den staatlichen Schulen darstelle", und alle Lehrer und Schüler "aufgefordert werden, am Flaggengruß zu Ehren der durch die Fahne repräsentierten Nation teilzunehmen; es wird außerdem angeordnet, die Verweigerung des Flaggengrußes als ein Akt des Ungehorsams anzusehen und dementsprechend zu behandeln ..."

... Die Berufungsbeklagten, Bürger der Vereinigten Staaten und des Staates West Virginia, klagten am Bundesdistriktshof im eigenen Namen und für andere Gleichgesinnte zur Erlangung einer einstweiligen Verfügung mit dem Ziel, die Inkraftsetzung dieser genannten Gesetze und Verordnungen gegenüber den Anhängern der Zeugen Jehovas zu verhindern. Die Zeugen Jehovas sind ein nichteingetragener Verein, der die Lehre vertritt, daß die von Gott auferlegten Gesetze über den von der vergänglichen Obrigkeit erlassenen stehen ...

... Es muß gesagt werden, daß der obligatorische Flaggengruß die Bekräftigung eines Glaubens und einer Geisteshaltung zur Voraussetzung hat. Es ist nicht ersichtlich, ob die Verordnung beabsichtigt, daß die Schüler durch die Zurücksetzung aller entgegengesetzten Überzeugungen zu widerwillig Bekehrten der vorgeschriebenen Zeremonie werden, oder ob es annehmbar ist, wenn sie mit Worten, ohne inneren Glauben, durch eine bedeutungslose Geste ihre Zustimmung simulieren. Es entspricht heute der allgemeinen Überzeugung, daß die Zensur oder die Unterdrückung der freien Meinungsäußerung von unserer Verfassung nur dann zugelassen ist, wenn die Äußerungen eine eindeutig klare und gegenwärtige Gefahr darstellen, zu deren Beseitigung und Vernichtung der Staat berechtigt ist. Es hat den Anschein, als ob die unfreiwillige Zustimmung nur aus Gründen, die zwingender und dringlicher als Schweigen sind, befohlen werden könnte. Aber in diesem Falle hat man zum Zwang Zuflucht genommen, ohne den Beweis dafür anzutreten, daß die Passivität beim Flaggengruß eine augenblickliche und drohende Gefahr heraufbeschwört, die den Versuch rechtfertigt, die freie Meinungsäußerung überhaupt einzuschränken. Zur Aufrechterhaltung des obligatorischen Flaggengrußes wird von uns verlangt, daß die Bill of Rights, die das Recht des einzelnen zur freien Meinungsäußerung sichert, es den staatlichen Behörden offenläßt, den einzelnen Staatsbürger zu zwingen, etwas zu sagen, an das er nicht glaubt ...

... Man hat gesagt, daß der Flaggengrußstreit das Gericht mit „dem Problem konfrontiere, welches Lincoln in jenes denkwürdige Dilemma stürzte: ‚Muß eine Regierung notwendigerweise für die Freiheiten ihres Volkes zu stark oder zu schwach sein, um ihre eigene Existenz aufrechtzuerhalten?‘ “ – und die Antwort zugunsten der Stärke gefällt werden muß ... (Minersville School District v. Gobitis) ...

Wir sind der Ansicht, daß derartige Fragen ohne den Druck oder die Beschränkungen behandelt werden müssen, die sich aus derartigen Betrachtungen ergeben ...

... eine Regierung mit begrenzten Rechten braucht nicht unbedingt eine kraftlose zu sein. Die Versicherung, daß die Freiheitsrechte unantastbar sind, vermindert die Gefahr und das Mißtrauen gegenüber einer staatlichen Regierung und fördert dadurch, daß wir uns sicher fühlen, unter ihr zu leben, ihre bessere Unterstützung. Ohne das Versprechen einer einschränkenden Bill of Rights ist es zweifelhaft, ob unsere Verfassung genug Stärke gehabt hätte, ihre Ratifizierung zu ermöglichen. Wenn wir heute jene Rechte durchsetzen, so geschieht das nicht, um eine schwache Regierung anstatt einer starken zu wählen. Es geschieht nur, um sie als Mittel der Stärke für die persönliche Meinungsfreiheit einer staatlich disziplinierten Einförmigkeit vorzuziehen, für die die historische Tradition ein enttäuschendes und schreckliches Ende voraussieht.

Der uns vorliegende Fall illustriert dieses Prinzip. Eine freie staatliche Erziehung wird nicht, wenn sie den Idealen weltlicher und politischer Neutralität folgt, parteiisch und feindlich gegenüber irgendeiner Klasse, einem Glauben, einer Partei oder Parteigruppe sein. Zwingt sie jedoch irgendeine ideologische Ordnung auf, so wird jede Partei oder Sekte danach bestrebt sein, den Einfluß des Erziehungssystems zu kontrollieren oder, wenn das mißlingt, ihn zu schwächen. Die Beachtung der Schranken der Verfassung schwächt eine Regierung nicht auf dem ihr zugewiesenen Tätigkeitsbereich ...

... Die Gobitisentscheidung argumentierte damit, daß dies ein Bereich sei, „auf dem die Gerichte keine vorgeschriebene und sicherlich keine kontrollierende Zuständigkeit besitzen“, daß es sowohl den Gesetzgebungskörperschaften als auch den Gerichten überlassen sei, die heiligen Freiheiten zu beschützen und daß die Verfassung bestimme, „daß der weise Gebrauch der legislativen Autorität eher vor dem Forum der öffentlichen Meinung und vor den gesetzgebenden Versammlungen auszukämpfen sei, als einen derartigen Streit vor die Schranken des Gerichts zu bringen“ damit alle die „wirksamen Mittel zur Beeinflussung politischer Veränderungen frei bleiben“.

Der wahre Zweck der Bill of Rights bestand darin, gewisse Gegenstände dem Wechsel des politischen Streits zu entziehen, sie jenseits des Machtbereichs der Mehrheiten und Beamten zu plazieren und sie als gesetzliche Prinzipien zu sanktionieren, die vor Gericht klagbar sind. Das Recht auf Leben, Freiheit und Eigentum, freie Rede, freie Presse, Religions- und Versammlungsfreiheit sowie andere fundamentale Rechte unterliegen nicht der Abstimmung, sie sind von dem Ausgang keiner Wahl abhängig ...

... Letztlich – und das ist der Kern der Gobitisentscheidung – heißt es in der Begründung, „daß die nationale Einheit die Grundlage der nationalen Sicherheit sei“, daß die Behörden „das Recht haben, die zuständigen Mittel zu ihrer Erlangung auszuwählen“; und hier kommt das Urteil zu der Schlußfolgerung, daß derartige

Zwangsmaßnahmen zur Erlangung der nationalen Einheit verfassungsmäßig seien. Von der Wahrheit dieser Behauptung hängt unsere Antwort in diesem Falle ab.

Die nationale Einheit als Ziel, deren Erreichung die Behörden durch Überzeugung und Beispiel fördern sollen, wird nicht in Zweifel gestellt. Das Problem besteht darin, ob unter unserer Verfassung der Zwang, wie er hier angewandt wird, ein erlaubtes Mittel zu ihrer Vervollkommnung ist.

Kämpfe zur Erzwingung einer einheitlichen Gesinnung, zur Erreichung eines Ziels, das man für die Zeit und das Land als lebenswichtig ansah, sind von vielen guten wie auch bösen Menschen geführt worden ... Die Nutzlosigkeit solcher Versuche, den Zusammenhang zu erzwingen, ist das Ergebnis aller derartigen Experimente gewesen, angefangen bei den Römern mit der Vernichtung der Christenheit als einer Zerstörerin ihrer heidnischen Einheit, der Inquisition als einem Mittel religiöser und dynastischer Einheit, der sibirischen Verbannung als einem Mittel für die russische Einheit, bis zu den schnell Schiffbruch erleidenden Anstrengungen unserer jetzigen totalitären Gegner. Wer damit anfängt, abweichende Meinungen zwangsweise auszuschalten, findet sich bald bei der Vernichtung der Andersdenkenden wieder. Die zwangsweise Vereinheitlichung der Meinung erreicht nur die Einstimmigkeit des Friedhofs.

Es scheint abgenutzt, aber es ist notwendig zu sagen, daß der erste Zusatzartikel unserer Verfassung dazu bestimmt war, diesem Schicksal durch die Vernichtung der Anfänge zu begegnen. Es gibt keinen Mystizismus in der amerikanischen Staatsauffassung oder in der Natur und der Herkunft seiner Autorität. Wir errichteten den Staat durch die Zustimmung der Regierten, und die Bill of Rights verweigert den an der Macht Befindlichen jede rechtmäßige Gelegenheit, diese Zustimmung zu erzwingen. Bei uns wird die Autorität durch die öffentliche Meinung kontrolliert und nicht umgekehrt ...

... wenn es in unserer Verfassungskonstellation einen genau feststehenden Punkt gibt, so den, daß kein Beamter, ob hoch oder niedrig, vorschreiben kann, was in der Politik richtungweisend sein soll, sei es Nationalismus, Religion oder andere Gegenstände der öffentlichen Meinung, oder die Bürger, zwingen kann, ihren Glauben zu derartigen Dingen durch Wort oder Tat zu bekennen. Wenn es irgendwelche Umstände gibt, die eine derartige Ausnahme gestatten – auf uns treffen sie nicht zu.

Wir sind der Ansicht, daß die Handlung der öffentlichen Behörden, den Flaggengruß und das Bekenntnis dazu zu erzwingen, die verfassungsmäßigen Grenzen ihrer Macht überschreitet und in die Sphäre des Intellekts und des Geistes eindringt, die – gemäß dem Geist des ersten Zusatzartikels – jeder staatlichen Kontrolle vorenthalten sein soll.

Das Urteil dieses Gerichts im Falle Minersville School District v. Gobitis ... wird hiermit aufgehoben, und das Urteil, das die Durchführung der Verordnung in West Virginia verbietet, wird hiermit bestätigt.

Brown et al. v. Board of Education of Topeka et al.

Auszug aus der von Chief Justice Warren verfaßten Begründung der Entscheidung des Obersten Gerichtshofs (347 US 483) aus dem Jahre 1954

Mr. Chief Justice Warren schrieb das Urteil des Gerichts:

Die vorliegenden Fälle kommen aus den Staaten Kansas, South Carolina, Virginia und Delaware. Sie sind zwar auf verschiedenen Tatbeständen und unterschiedlichen örtlichen Bedingungen aufgebaut, aber das ihnen allen zugrunde liegende gemeinsame rechtliche Problem erlaubt es, sie zusammen in einem einheitlichen Urteil zu behandeln.

In jedem dieser Fälle haben Negerminoritäten mit Hilfe ihrer juristischen Vertreter die Gerichte um Unterstützung bei der Zulassung zu den öffentlichen Schulen ihrer Gemeinde auf nicht rassenmäßig getrennter Grundlage ersucht. In allen Instanzen ist ihnen die Zulassung zu den von weißen Kindern besuchten Schulen unter Berufung auf Rassentrennungsgesetze verweigert worden. Diese Rassentrennung sei angeblich geeignet, den Klägern das Recht der Gleichheit aller vor dem Gesetz gemäß dem 14. Zusatzartikel der Verfassung zu nehmen. In allen Fällen, außer dem in Delaware, weigerte sich der aus drei Richtern bestehende Bundeskreisgerichtshof, den Klägern gemäß der sogenannten „Trennungs- und Gleichheitsdoktrin", wie sie vom Supreme Court im Urteil Plessy v. Ferguson (163 US 537) aufgestellt worden war, Recht zu geben. Nach dieser Theorie besteht Gleichheit in der Behandlung, wenn den Rassen substantiell die gleichen Möglichkeiten gegeben werden, auch wenn dieses auf rassenmäßig getrennter Grundlage erfolgt.

Im Delaware Fall folgte der Oberste Gerichtshof des Staates zwar dieser Theorie, ordnete jedoch die Zulassung der Kläger zu weißen Schulen an, da diese den Negerschulen überlegen seien.

Die Kläger bestehen darauf, daß getrennte öffentliche Schulen nicht „gleich" seien und auch nicht „gleich" gemacht werden könnten, und daß sie aus diesem Grunde der Gleichheit aller vor dem Gesetz beraubt seien. Angesichts der offensichtlichen Bedeutung des vorliegenden Problems hat sich der Oberste Gerichtshof damit auseinandergesetzt. Die Begründungen wurden in der Gerichtsession 1952 vorgetragen, verschiedene neue Begründungen für vom Gericht gestellte bestimmte Fragen in dieser Session.

Die neuen Argumente bezogen sich hauptsächlich auf die Umstände, unter denen der 14. Zusatzartikel im Jahre 1868 angenommen worden war. Sie betrafen ausschließlich die vom Kongreß bezüglich des Zusatzartikels angestellten Erwägungen, die Ratifizierung durch die Bundesstaaten, die damals üblichen Gewohnheiten bezüglich der Rassentrennung sowie die Ansichten der Befürworter und Gegner des Zusatzartikels. Diese Diskussionen und unsere eigenen Untersuchungen haben uns – obwohl diese Quellen zumindestens etwas Aufklärung brachten – davon überzeugt, daß diese nicht genügen, um das vor uns liegende Problem zu lösen. Im besten Falle sind sie nicht überzeugend. Die eifrigsten Befürworter der nach dem Bürgerkrieg beschlossenen Zusatzartikel beabsichtigten zweifellos, alle rechtlichen Ungleichheiten zwischen „allen in den Vereinigten Staaten geborenen oder naturalisierten Personen" zu beseitigen. Ihre Gegner waren sowohl gegen den Buchstaben als auch gegen den Geist der Zusatzartikel eingestellt und wünschten ihnen die möglichst kleinste Auswirkung. Von welchen sonstigen Erwägungen sich der Kongreß und die bundesstaatlichen Gesetzgeber tragen ließen, kann nicht mit Sicherheit festgestellt werden.

Ein zusätzlicher Grund dafür, daß die Entstehungsgeschichte der Zusatzartikel hinsichtlich der rassenmäßig getrennten Schulen allein nicht überzeugt, besteht in der Situation, in der sich die öffentliche Erziehung zu jener Zeit befand. Im Süden hatte die Bewegung für freie allgemeine Schulen, die durch allgemeine Besteuerung unterstützt wurden, noch keinen festen Fuß gefaßt. Die Erziehung der weißen Kinder befand sich zum größten Teil in den Händen privater Gruppen. Eine Erziehung von Negerkindern existierte nahezu überhaupt nicht; praktisch waren sie alle Analphabeten. Tatsächlich war in einigen Staaten die Erziehung von Negerkindern gesetzlich verboten. Im Gegensatz dazu haben viele Neger heutzutage außergewöhnlichen Erfolg sowohl in den Künsten und in der Wissenschaft, als auch in der Geschäfts- und Berufswelt erzielt. Es trifft zu, daß zur Zeit der Annahme des Zusatzartikels die öffentliche Schulerziehung in den Nordstaaten wesentlich weiter entwickelt war – jedoch ist die Auswirkung des Zusatzartikels auf die Nordstaaten bei den Kongreßdebatten im allgemeinen nicht zur Sprache gekommen. Aber auch im Norden war die Situation der öffentlichen Erziehung nicht annähernd so, wie sie heute ist. Der Lehrplan bestand gewöhnlich aus Elementarunterricht; in den ländlichen Gebieten waren Schulen ohne Abschlußexamen üblich; in vielen Staaten gab es nur drei Monate im Jahr Unterricht, und Pflichtbesuch der Schule war im Prinzip unbekannt. Es ist daher nicht überraschend, daß in der Geschichte des 14. Zusatzartikels so wenig bezüglich seiner beabsichtigten Auswirkung auf die öffentliche Erziehung enthalten ist.

In den ersten, kurz nach der Annahme des 14. Zusatzartikels vom Supreme Court entschiedenen Fällen wurde der Zusatzartikel dahingehend ausgelegt, daß er alle staatlich auferlegten Diskriminierungen der Neger verbietet. Die „Trennungs- und Gleichheitstheorie" wurde erst 1896 in dem Fall Plessy v. Ferguson, supra, vom Supreme Court aufgestellt und betraf nicht die Erziehung, sondern das Verkehrswesen. Die amerikanischen Gerichte haben seitdem über 50 Jahre lang gemäß dieser Theorie gearbeitet. Vom Supreme Court sind seither sechs Fälle verhandelt worden, in denen die „Trennungs- und Gleichheitstheorie" im öffentlichen Erziehungswesen eine Rolle spielte. In den Fällen Cumming v. County Board of Education (175 US 528) und Gong Lum v. Rice (275 US 78) wurde die Gültigkeit der Theorie selbst nicht angetastet. In neueren Fällen, die alle die höhere Schulen betrafen, wurde zwar eine Ungleichheit in jenen von weißen Studenten genossenen Vorteilen festgestellt, die den Negern mit gleichen Qualifikationen verweigert wurden. (Missouri ex rel. Gaines v. Canada [305 US 337]; Sipuel v. Oklahoma [332 US 631]; Sweatt v. Painter [339 US 629]; McLaurin v. Oklahoma State Regents [339 US 637].) In keinem dieser Fälle war es jedoch notwendig, die Theorie zu überprüfen, um den Negerklägern Recht zu geben. Schließlich sparte der Oberste Gerichtshof im Falle Sweatt v. Painter, supra, eine Entscheidung über die Frage, ob die Plessy v. Ferguson Entscheidung auf die öffentliche Erziehung nicht anwendbar sei, ausdrücklich aus.

In den vorliegenden Fällen ist diese Frage nun direkt gestellt.

Unsere Entscheidung kann sich daher nicht allein mit einem bloßen Vergleich dieser greifbaren Faktoren in den Weißen- und Negerschulen, wie sie in jedem einzelnen Falle vorhanden sind, befassen. Vielmehr müssen wir die Wirkung der Rassentrennung auf die öffentliche Erziehung näher untersuchen.

Wenn wir an dieses Problem herantreten, so können wir nicht den Zeiger der Zeit auf das Jahr 1868 zurückdrehen, als die Zusatzartikel angenommen wurden – nicht einmal auf das Jahr 1896, als die Entscheidung Plessy v. Ferguson geschrieben wurde. Es ist notwendig, die öffentliche Erziehung im Licht ihrer ganzen Entwicklung und ihres gegenwärtigen Platzes im amerikanischen Leben der gesamten Nation zu betrachten. Nur auf diese Weise kann das Urteil darüber gefällt werden, ob die Rassentrennung in den öffentlichen Schulen die Kläger der Gleichheit aller vor dem Gesetz beraubt.

In der Gegenwart ist die Erziehung vielleicht die wichtigste Aufgabe der staatlichen und örtlichen Verwaltungen. Der gesetzliche Schulzwang und die großen Ausgaben für die Erziehung demonstrieren, daß wir die Bedeutung der Erziehung für unser demokratisches Leben voll anerkennen. Sie wird zur Erfüllung unserer grundlegendsten öffentlichen Verantwortlichkeiten verlangt, sogar zum Dienst bei den bewaffneten Streitkräften. Sie ist die Grundlage guter Staatsbürgerschaft. Sie ist heutzutage das Hauptmittel, um die Kinder zu den kulturellen Gütern zu führen, um sie für die spätere Berufsausübung vorzubereiten, und um ihnen zu helfen, sich in normaler Weise in ihre Umgebung einzufügen. Es ist in unseren Tagen zweifelhaft, ob man von irgendeinem Kind vernünftigerweise erwarten kann, im Leben Erfolg zu haben, wenn man ihm die Möglichkeit zur Heranbildung verweigert. Wenn es der Staat auf sich genommen hat, für derartige Möglichkeiten Sorge zu tragen, ist die Erziehung ein Grundrecht, das allen zu den gleichen Bedingungen zusteht.

Wir kommen nun zu der uns gestellten Frage: Werden durch die Trennung der Kinder in den öffentlichen Schulen allein auf Grund ihrer Zugehörigkeit zu einer bestimmten Rasse, und obwohl die physischen Fähigkeiten und andere „handgreifliche" Faktoren gleich sind, den Kindern der Minorität die gleichen Erziehungsmöglichkeiten genommen? Wir glauben, daß dies zutrifft. Wenn der Oberste Gerichtshof im Fall Sweatt v. Painter, supra, die Ansicht vertrat, daß eine getrennte juristische Fakultät für Neger diesen nicht die gleichen Bildungschancen gewähre, so stützte sich das Gericht zum großen Teil auf „jene Fähigkeiten, die ungeeignet für eine objektive Beurteilung sind, die aber Größe und Bedeutung einer juristischen Fakultät ausmachen". Im Fall McLaurin v. Oklahoma State Regents, supra, berief sich der Oberste Gerichtshof wieder auf jene nicht greifbaren Erwägungen, als er verlangte, daß ein Neger, der zu einer weißen höheren Schule zugelassen wurde, genauso wie alle anderen Studenten behandelt werden solle: „... seine Fähigkeit, zu studieren, an Diskussionen teilzunehmen und seine Ansichten mit denen der anderen Schüler auszutauschen und im allgemeinen, seinen Beruf zu erlernen." Solche Erwägungen treffen in zunehmendem Maße für die Kinder in Grund- und Oberschulen zu. Sie von anderen Kindern gleichen Alters und gleicher Befähigung nur wegen ihrer Rassenzugehörigkeit zu trennen, züchtet in ihnen ein Minderwertigkeitsgefühl hinsichtlich ihres Platzes in der menschlichen Gemeinschaft heran, das ihre Herzen und ihr Gemüt in einer nicht wiedergutzumachenden Weise belastet. Die Auswirkung einer derartigen Trennung auf die Bildungschancen wurde durch die Begründung im Kansas-Fall durch ein Gericht treffend dargelegt, obwohl es selbst ungeachtet dessen sich veranlaßt sah, gegen die Negerkläger zu entscheiden.

> „Die Trennung von weißen und farbigen Kindern in den öffentlichen Schulen übt einen schädlichen Einfluß auf die farbigen Kinder aus. Die Einwirkung ist um

so stärker, wenn die Trennung gesetzlich sanktioniert ist, denn im allgemeinen wird die Rassentrennungspolitik als ein Kennzeichen der Minderwertigkeit der Neger ausgelegt. Das Gefühl der Minderwertigkeit beeinflußt jedoch die innere Bereitschaft eines Kindes zum Lernen. Gesetzliche Rassentrennung hat daher die Tendenz, die Bildungs- und geistige Entwicklung der Negerkinder zu verzögern und nimmt ihnen einige der Vorteile, die ihnen in einem rassenmäßig nicht getrennten Schulsystem zustehen würden."

Gleichgültig wie groß das psychologische Wissen zur Zeit der Entscheidung Plessy v. Ferguson gewesen sein mag, diese eben angeführte Begründung wird durch die heutige Wissenschaft voll unterstützt. Alles, was im Urteil Plessy v. Ferguson gegen eine derartige Begründung vorgebracht wird, wird hiermit zurückgewiesen. Daher ist die „Trennungs- und Gleichheitstheorie" auf dem Gebiet der öffentlichen Erziehung fehl am Platze. Rassenmäßig getrennte Bildungsmöglichkeiten sind ihrem Wesen nach ungleich. Wir sind daher der Ansicht, daß die Kläger und alle ihnen Gleichgestellten, im Namen derer uns diese Fälle vorgelegt wurden, auf Grund der Rassentrennung, über die sie Klage führen, der Gleichheit aller vor dem Gesetz, wie es gemäß dem 14. Zusatzartikel garantiert wird, beraubt sind. Diese Darstellung erübrigt auch eine Diskussion darüber, ob durch die Rassentrennung auch die rechtsstaatlichen Bestimmungen (Due Process Clause) des 14. Zusatzartikels verletzt werden.

Da es sich hier um einen Musterprozeß handelt, stellt uns die Formulierung der Urteile wegen der großen Anwendbarkeit dieser Entscheidung und wegen der großen Unterschiede der örtlichen Bedingungen in diesen Fällen vor Probleme von beträchtlicher Komplexität. Auf Grund von Rückfragen wurde die Erörterung anderer Probleme notwendigerweise dem einen Hauptproblem untergeordnet: die Verfassungsmäßigkeit der Rassentrennung in der öffentlichen Erziehung. Wir haben hiermit ausgesprochen, daß eine derartige Trennung eine Verweigerung der Garantie der Gleichheit aller vor dem Gesetz darstellt ...

Band 8 DIE POLITISCHEN THEORIEN IM ZEITALTER DER ABSOLUTEN MONARCHIE BIS ZUR FRANZÖSISCHEN REVOLUTION

Politische Theorien, TEIL II
von Prof. Dr. Gerhard Möbus
420 Seiten, kartoniert DM 19,—

Band 9 DIE POLITISCHEN THEORIEN SEIT DER FRANZÖSISCHEN REVOLUTION

Politische Theorien, Teil III
von Prof. Dr. Otto Heinrich von der Gablentz
248 Seiten, kartoniert DM 8,80

Band 10 INTERNATIONALE ORGANISATIONEN UND REGIONALPAKTE

Ohne Europa-Organisationen
von Prof. Dr. Fritz Münch und Prof. Dr. Gert v. Eynern
268 Seiten, kartoniert DM 15,—

Band 11 EUROPÄISCHE INTEGRATION

von Prof. Dr. Hans Reif, Berlin
230 Seiten, kartoniert DM 13,—

Band 12 DIE V. REPUBLIK

Frankreichs neues Regierungssystem
von Dr. Gilbert Ziebura
336 Seiten, kartoniert DM 19,75

GPSR Compliance

The European Union's (EU) General Product Safety Regulation (GPSR) is a set of rules that requires consumer products to be safe and our obligations to ensure this.

If you have any concerns about our products, you can contact us on ProductSafety@springernature.com

In case Publisher is established outside the EU, the EU authorized representative is:

Springer Nature Customer Service Center GmbH
Europaplatz 3
69115 Heidelberg, Germany

Batch number: 10809636

Printed by Printforce, the Netherlands